どんなずぼらさんでも「これなら絶対!」片づく技術

「たった1つの習慣」で人生が変わる

ダナ・K・ホワイト
大浦千鶴子〔訳〕

マガジンハウス

はじめに

〝途方にくれたわたし〟を救った「奇跡の片づけ術」

今、表紙を見てこの本を手に取り、最初の数ページをパラパラめくって「買ったほうがいいかな、買わなくてもいいかな」と思案しているあなたへ。

決めるお手伝いをさせてください。**この本は読者を選びます。**

もともとそうじが大好きで、整理整とんをしているとワクワクする人には、明らかにおすすめしません。

「この世の中に、汚れた食器が流し台に放置されていても平気な人がいるなんて、とても信じられない！」という方は、今すぐ本を閉じて、棚に戻してください。

さてと。これであなたとわたしだけになりました。

キッチンのカウンターに汚れたお皿が山積みになっていてもぐっすり眠れるのだけど、翌朝キッチンに足を踏み入れたとたん、その大量の洗いものに泣きたくなってしまう人。

そういう人は、このまま読み進めてください。

家のなかのぐちゃぐちゃをなんとかしたいけれど、何からどう手をつければいいのかわからない。とりあえず、家事のやり方を変えようとして何度も失敗したあげく、ほとほと疲れ果てて、もうやる気もわいてきそうにない人。

そういう人のためにこそ、この本はあります。

こういう本をわたしが書くとは、以前には夢にも思っていませんでした。家事のこととなると、わたしはいつだって挫折の連続だったからです。そう、「どうしようもないダメ人間」だと自分で思っていたからです。

結婚し、子どもが生まれ、舞台演劇の教師をやめて専業主婦になったわたしは、自分の気持ちを発信する場所が無性に欲しくなりました。そんなとき始めたのが「脱ずぼらプロジェクト」のブログ。家事や片づけが絶望的に苦手なわたしが、なんとか毎日を改善しようとつづったブログです。

ふたを開けてみたら、ブログを始めてから、もう10年以上経過しました。

ここまでの道のりは、順調どころか失敗ばかり。個人的にもっとも闇が深く、そして恥ずかしい「ずぼらの生態」を、世界に向けて大っぴらに発信するのは、ときに痛みをともなうほどの長く苦しい取り組みでした。

でも、今となっては感謝の気持ちしかありません。

どうすればまともな精神状態を保ちつつ、家事をやりくりしていけるか、そのコツをしだいにつかんできたからです。

本書を買うべきかどうかまだ迷っている人に向けて、はっきりと申し上げましょう。

誰もがあこがれる素敵なカリスマ主婦から「片づけのコツ」を学びたい人にとって、わたしは完全に教師失格です。

二度とそうじしなくてもいいくらいに家じゅうをピカピカに磨き、皿や鍋の大きさをそろえてきっちりムダなく収納したい人は、わたしにつき合っていてはいけません。

でももし、どうしてもそうじが苦手で、やり始めても長続きせず、途方にくれ、こんなに家事ができないのは自分だけじゃないだろうかと孤立感さえ味わったことがある人は、ついにわたしという仲間を発見したのです。

ここだけの話ですが、ちょっとお耳に入れたいことがあります。「（この本以外の）片づけにまつわるたいていのハウツー本は、じつは、頭のなかが片づいている人によって書かれている」ということです。

そういう人たちの脳は、わたしの脳とはまるで違う働き方をします。

みなさんにお伝えしようと思っている「片づけの作戦」はどれもこれも、わたしの〝実験室〟でテストされ、**その効果は実証ずみ**です。仮説はゼロ、あるのは現実に即したものばかり。

今、暮らしている家のなかをどうするか。わたしと同じ〝ずぼらさん〟に必要なことを、徹底してお話しします。

それは、今までみなさんが予想していたより、**びっくりするほどシンプルなこと**ですよ。

CONTENTS

いったいどれが本当に効果があるのか

幻想

どうも慢性的に片づけ能力に欠けているわたし。生まれつきそういう欠陥があるんだと思う。

現実

じつはただのずぼらでした。

おとぎ話から目覚めたわたし

昔読んだおとぎ話のなかでは、よく主人公の女の子がおそうじをしていました。しかも、歌って踊りながら楽しそうに。そして王子さまが現れると、生活は一転し、素敵なディナーや即位の式典のために、馬車に乗ってお出かけです。

もはやそうじのことなど、誰ひとり話題にしませんが、なぜかお城は美しく保たれています。

人生はおとぎ話ではないと百も承知しているのに、そうじのことになるとわたしはこの幻想を捨てきれませんでした。

「いつの日かきっと、そうじをしなくてもいい日がやってくるかもしれない。無意識のうちに、なぜかいつも家がきれいになっていればなあ」と。

この夢想から目覚めたのは、大人になり結婚し、母親になってからでした。

思えば、部屋が片づいていたことなんて一度もありません。子ども時代の部屋も、小学校の机も、高校のロッカーも、ついでに大学時代の寮の部屋も散らかりっぱなし。ルームメイトと部屋を借りていっしょに住んだり、1人暮らしもしましたが、いつも悲惨な状況でした。

念のために申し上げておきますが、わたしが話しているのは、洗濯物をたたんだあと、ちょっと片づけるのを忘れてほったらかしてしまった、というレベルではありません。「いやいや、ダイジョウブ。わたしんちも相当ひどいんだから、あんたの部屋くらいでショックなんか受けないよ」と言っていた友人も、いざ目《ま》のあたりにするとあまりのことに言葉を失いました。

床にものが散乱していてカーペットの色も思い出せないレベルです。

このレベルになると、もう急な来客は恐怖でしかありません。たとえ凍えそうに寒い日でも、家に入れるなどもってのほか。「わたし、外で立ち話をするほうが楽しいの！」という振りを装い、絶対に人が立ち入るのを阻止するようになります。

それでも、ずぼらなわたしはいつの日か、本気を出しさえすれば散らかさない人になれるという妙な自信がありました。

現実を突きつけられたのは、結婚して新居に引っ越し、主婦生活を始めたころです。最初はいちおうの努力はしましたよ。だけど、はりきって片づけたのも束の間《つかのま》、みるみるうちに部屋は散乱するしまつです。

家のなかをまずまずの状態にしておけるのは、わたしの場合、だいたい1週間か、ときには2週間、たまに3週間というのが限度です。

ずぼらをなんとかするためにブログを開設したのは、結婚してから8年後でした。やむにやまれぬ思いを胸に「ずぼら星からの脱出」と呼ぶ旅を始めたのが2009年。

当時は、「ずぼら」という言葉に抵抗がありました。じつは、日ごろから自分自身にもほかの人たちにも、どんなにひどくても自分は「ずぼら」なんかじゃないと言っていたんです。

でも、どう考えても「ずぼら」以外の言葉は当てはまりません。

もう逃げ隠れせず、正直に自分と向き合わなければ。そして、今度こそ家のなかをきちんとしなければ。もう「いつか、本気出せばやれる」などと、言い訳するのをやめたのです。

厳しい言葉を使ってよかった理由はもう1つあります。仲間を見つけることができました。ブログを読んでくれた女性たちが、たくさんお礼のメッセージをくださったのです。

彼女たちは、世の中に同じように考え、同じように苦労している人がいることを知って安心し、**「独りぼっちじゃないんだ」**とわかって気持ちが楽になったそうです。

同じ思いをいだいた女性たちとつながっているうちに、だんだんわたしには、脳のずぼらな部分（自分が軽蔑している部分）とクリエイティブな部分（自分がすごく好きな部分）との関係が見えてくるようになりました。

この2つの側面がダイレクトに関係し合っていることを知り、わたしははじめて「ずぼらなのは、わたしらしさの一部。わたしの脳は、そう機能するようになってるんだ」と思えるようになったのです。

これはけっしてあきらめではありません。むしろはじめて、**「自分をダメ人間だと感じることはないんじゃないか」**と許された気持ちになれました。

「片づけ術」にまつわる従来のアドバイス（わたしの脳ミソとは、まったく違う構造を持つ人たちが書いたもの）のとおりにやっても、わたしのようにうまくいかない人がいるのではないか。だったらわたしにとってうまくいく方法を見つければいいだけ。

そう、ユニークな脳と、ユニークな暮らしに合う方法を——。

家事が自然とうまくいく人の「考え方」

幻想

物事は完璧にやるからこそ価値がある。

現実

なににつけ完璧な方法を探していると、なにひとつ終わらせられない。そのあいだに問題はどんどん悪化していく。

「ずぼら＝理想主義者」という驚きの事実

理想主義者がみんなずぼらというわけではないけれど、予想に反して、じつは**ずぼらな人のほとんどは理想主義者**です。

わたしもその理想主義者の1人で、もちろん、ずぼらです。

斬新なアイデアを考え出すのが大好きですし、トラブルがあったら、はりきって解決策をいくつも提案したくなります。効率性とか実用性とかいう言葉が大好きなのです。


そういえば16歳のころ、キャンプ場でアルバイトをしたことがあります。

床のモップがけやトイレそうじを任されましたが、担当の期間中、何週間も毎日欠かさずキッチリすみずみまで清掃しました――指示された手順の項目をなにひとつ飛ばさずに。

割り当てられたマニュアルに従って、すべてその段取りどおりに作業しました。

理想主義のわたしは、ごきげんでした。なにしろ、ここで完璧なそうじのスキルを身につければ、ゆくゆくは無敵の主婦になれると思ったからです。

キャンプ場では、皿洗いや食事の用意もしなければなりません。研修では、洗った皿をふきんで拭くより自然乾燥させるほうが、ずっと衛生的だと教えられました。

今なら、これが「汚れたふきんでお皿を拭くくらいなら、自然乾燥で清潔にカラッと乾かしたほうがいい」という意味だったのだとわかります。

ところがわたしは、「めちゃくちゃいいやり方じゃない？　さっそく実践してみよう！」。

それから何年もたって、現実の真っただなかで、わたしのキッチンはこんな感じ。

大量の皿やコップ、鍋、スロークッキング鍋の部品、それと映画館からもらってきた使い捨てカップ（洗えば何度も使える！）

など（ほかにもいろいろ）を自然乾燥しているのです。

こうして、数日間、いえ数週間、いえ数カ月、放置して自然乾燥させることになるわけです……。

自然乾燥がいちばんいい方法だと習った（と思っている）から。

それに、自然乾燥だとふきんを探す手間が省けます。食器を1つずつ拭く手間も省けます。そのうえ、すぐに食器棚に片づける必要もありません。

そうやって放置しているうちに、食器はキッチンと一体化して、意識から消え去るのです……。

たとえば、コップが必要になったら、山の中から1つ取り出し、使ったあとは洗って、またその山に戻します。当然ですよね、自然乾燥がいちばん効率のいい方法だと思っているのですから。

この感覚がふつうで、ことさら怠けている意識もなかったのですが、ある日突然、愕然《がくぜん》としました。キッチンに立つと、どうしてこんなに嫌な気分になるのだろう。

勇気を出して、あたりに目を向けました。すると、シンクの向こう側に巨大な食器の山ができあがっているのが見えました。

目では見えなかったけれど、心では感じていた「目障《めざわ》りなもの」が――。

完璧主義にとらわれて、動けなくなる

きれい好きの人にはありえないと思われるかもしれませんが、わたしたちずぼらさんは、トイレそうじの「いちばん効率のよい方法」がどこかにないかと探し求め、自分の健康や環境、わが子の命を脅かさない方法にこだわっているうちに、そうじを放置してしまいます。

するとトイレはどんどん汚れていき、ますますそうじしにくくなるというわけ。

リサイクルについても同じこと。「いちばんいい方法があるに違いない!」と意気込み、いろいろと調べているうちに、わが家のリサイクル箱はあふれ返り、もはや箱ではなく「リサイクル地帯」になってしまいます。ペットボトルも古新聞も、しまいには、リサイクルできないガラクタと混ざり合ってしまうのです。

こうして、**片づけは一生をかけた一大プロジェクトに早変わりしてしまいます。**もうど

こから手をつけたらいいのか。ついつい先延ばしにしてしまったことで、結果、汚れはますます増殖し、ますます手がつけられなくなったのです。

「物事はある決まった方法でやらなきゃ。探したらもっといい方法があるはずなのに、みんなどうしてすぐ手をつけてしまうの？　とは言っても、もっといい方法を突き止めたら、手元に必要な用具がないかもしれないし、その方法を試してみる時間をとらなくちゃ……」

こういう思考回路が出てきたら気をつけてください。

これらの3つの言葉**「……しなきゃ」「……したら」「……かもしれない」**は、じつは、今のわたしには「決して起きない事柄」を示しているのです。

この3つが頭の中に浮かんできたら、要注意。そんな独り言に対しては、**「だけど、実際にどうするの？」**と切り返します。

こういう思考でいくら考えても、わが家のトイレはきれいになりません。

解決策はただ1つ。つべこべ言わず今、そうじすることです（ミもフタもなくて申し訳ない……）。

自分が「ずぼら」と判明した以上、現実と向き合うほかありません。よし、こうなったらとことん現実路線に切り替えよう。

アイデアだけでは、現実は変わらない。実際にとにかく何かするしかないのだ。使う道具はなんでもイイ。とにかく今あるものを使おう。

恐るおそるですが、しばらくたつとだんだんわたしにも「本当にすごい名案」と「わが家で実際にできること」の区別がつくようになりました。

そうすると、いろんなことがうまくいったり、手際がよくなったりもします。

少しずつ、「絶対にやれるはずがない」アイデアに振り回されなくなっていきました。

「絶対に起こりえないこと」って、たとえば？

倹約生活についてのブログを書いている友人が、ある日、おもしろい情報を教えてくれました。使い終わったトイレットペーパーの紙芯を、ネットのフリマサイトで売っている人がいるというのです。

「え、嘘でしょ？」と思ってちゃんと自分でチェックしましたが、本当のことでした。

わたしが見つけたオークションは、50個から100個のトイレットペーパーの「きれいな」芯に、買い手が5ドル（約500円）から15ドル（約1500円）の値をつけて落札。トイレットペーパーを生涯、1日も欠かさず使うわたしみたいな人間（ほかのみんなもそうであってほしい！）にとっては、丸儲《もう》けのチャンス**かもしれない！** 使った芯を全部**取っておいたら、**あとは箱詰めして高額で買ってくれた人に送るだけ。これはなにがなんでも**やらなきゃ！**（……要注意の言葉が3つとも、入っていることに注目！）

さて、この後の展開を、ずぼらなわたしの「現実バージョン」で見てみましょう。

まず、手ごろでオシャレな箱をバスルームの戸棚のなかに置きます。

「これを置いとけば、誰でもトイレットペーパーを使い切ったときに、芯をこの箱に放り込めるよね！」

どこかのおバカさんがわたしのゴミに払ってくれるお金のことを思うと、ついニンマリです。

3週間後、わたしは戸棚を開けます。

「こんなところに誰がこんな箱を置いたんだか」とうんざりしながら、箱に手を伸ばします。と、不意に自分が考えた「ボロ儲けリサイクル計画」を思い出します。ああ、そうだった、忘れてたわ。

家族全員を呼び集め、こう宣言します。「みんな、いいわね。トイレットペーパーを使い終わったら、かならず芯をこの箱に入れるのよ。後で売るんだからね！」

全員、ぽかんとした顔。

心の広いわがオットは、とりあえず「ママの言ったこと聞こえただろ。トイレットペーパーの芯は捨てるなよ」。

子どもたちが行ってしまうと、オットはわたしに説明を求めます。ひととおり説明を聞くと、オットはあきれたのか、無言で首を振りながら去って行きました。

1カ月後、わたしはその箱にペーパーの芯がポツンと2個だけ入っているのを発見し、あえなく降参するのでした。

もう1つ、別の展開もあるでしょう。

次の夏には、トイレットペーパーの芯を売ったお金で家族旅行に出かけようと、家族じゅうが盛り上がりました。全員で一丸となって行動を起こしたので、どんどん芯は集まって、とうとういくつもの箱からあふれ出るまでになります。

そのうち誰かが戸棚を開けたとたん、芯が転がり落ちてくるしまつ。

それでもめげずに集めまくりました。そしてとうとう売るときがやってきたのです。

でも、ここで予想外の展開が。

そう、カメラと箱が必要だということに気づいていなかったのです。

カメラは集めた芯を〝映えるように〟撮って、サイトにアップするために。

箱は芯を発送するとき、つぶれないようにきれいに収まるように。

そのうえ、わたしはフリマサイトのログイン・パスワードを思い出せない――。


もちろん、こういうことは時間と労力をかければ解決できる問題です。

だけど一方で、家族の芯集めは続き、わたしはますますその数に圧倒され、ついには、どこからどう手をつけたらいいのか途方にくれてしまうほどになり、戸棚じたいも使えなくなってしまいます。


これは極端なシナリオのように見えますが、わが家ではまさにこのとおりのことが起きかねません。わかっている以上、わたしは現実的な道を選ぶことにします。

それは、世の中にはこういうことで多少のお金を稼ぐ人もいるけれど、わたしにとっては得するよりも困るほうがずっと多くなるんだ、と自覚すること。

ずぼらなわたしは、これ以上浮き足立って、家のなかが大変になることに手を出してはいけないのです。

そうじに「正しい方法」はない

トイレットペーパーの芯を売ったり、食器を何カ月もかけて自然乾燥させたりするのは、わたしの「極端な考え方」のほんの1例。じつは、もっと根本的に変えなければならない考え方がありました。

家事にまつわることで、あきらめなければならなかった夢。それは、**「家をそうじするための正しい方法を見つけ出さなければならない」と信じ切っていたこと**でした。

わたしのかかえる問題をすべて解決する答えが、きっとどこかにある！　完璧な方法を突き止めることができたら、わが家はいつも見違えるようにきれいになるのだ、と。

ここで、みなさんに覚えておいてもらいたいこと。

この本を最初から最後まで5回くり返して読んでも、家が本を開く前よりきれいになることはありません。**自分の手**でそうじしなければ始まらないのです。

みなさんの中にも、「お片づけ本」のマニアがいらっしゃいませんか？

とかく家事が苦手なわたしは、プロが書いた洗濯の段取りを本で学び、キッチンのお片づけの方法を調べまくり、ときには近所の人にどれくらいの頻度で床にモップをかけるか尋ねまわりました。

しかし、うまくいきそうな方法を見つけても、しばらくすると、その方法ではうまくいかなくなってしまうか、やらなくなってしまいます。

家をそうじする道具や方法にはこだわっていますから、**「悪いのは自分ではなく、方法が悪いのだ」**と考え、その結果、その方法を断念することになります。

次から次に新しい方法を見つけては捨て、そのたびに、失敗を積み重ねてきました。やがて、希望は少しずつしぼんでいくのです。

「もう、どこをどう探してもいい方法なんか見つからない」と、激しい自己嫌悪に落ち込みます。これが、わたしの今までの「負のずぼらスパイラル」。

でも、**問題は「やり方」を見つけることではありません。**

あくまでも目的は「自分の家をそうじすること」なのです。

そうじは「一生に一度の大プロジェクト」ではない

幻想

いつかまるまる1カ月、家の片づけに専念できたら、ピカピカに仕上げてみせる。

現実

家事に終わりはない。絶対に。

仕事はデキるのに、そうじができない人

結婚前に、子どもたちに舞台演劇を教える仕事をしていたときのこと。わたしの個人オフィスは、例によって散らかり放題でしたが、作品づくりには自信を持っていました。

舞台では役者も裏方も、どこで何をするか正確に把握していなくてはなりません。スケジュール管理は必須です。そのうえで、1つの場面を60回はくり返して稽古します。ひたすら、演技の完成度を高めるために。

「プロジェクト」となると、わたしは夢中になってしまうのです。それ以外のことは何もかも一時停止。プロジェクト完了のとき、舞台袖で割れんばかりの喝采《かっさい》を心ゆくまで味わう瞬間が何よりも楽しみでした。

こんなわけで、もともと「演出家のわたし」を知っている人は、「家事の先延ばしグセがついた、ずぼらなわたし」をなかなか理解できないかもしれません。

大きなプロジェクトを終わらせるのが好きな自分。全力でがんばり、終わったら幕を引

き、その（がんばった結果の）輝かしい瞬間の記憶を胸に、残りの人生を生きていく。舞台のように1つを終わらせて、次へ行くというのが好きなのです。一度ちゃんと終わったことをやり直すなんて、なんだかつまらなくてイヤだと思ってしまう。

本書は「脱ずぼらプロジェクト」についての本だとはいえ、家事のひとつひとつは「プロジェクト」ではありません。家事に終わりはないからです。

わたしは自宅を1つの巨大なプロジェクトと見ていましたが、家のことをプロジェクトと見るのは意味のないことです。

たとえば、わたしだってホームパーティのような目標がはっきりとあれば、そうじの計画を書き出し、それに従って行動できます。お客を中に招き入れるときは（わたしの家はいつだってこんなふうに片づいているのよ、という顔つきで）、完璧にもてなします。

だけど頭の痛い問題は、パーティの3日後。

パーティに向けてそうじを始める前よりひどいありさまだからです。ガラクタが再びどこからか現れ、皿は流し台に山となり、床には汚れた靴下が散らかります。あんなに必死にがんばったあげく、わたしはまた自分に裏切られたのです。失敗のたびに、自己不信感が募っていきます。

どうしてこうなった？　たぶん「パーティの準備完了」と「散乱状態」のあいだの3日

間が原因です。その3日間が、わたしの「ずぼら脳」内のブラックホール。

一度プロジェクトが終わったのだから、また全力で取り組むべき新たなプロジェクトが発生するまで待てばいい——これが「ずぼら思考」です。

汚れた皿の山が高くなって、いよいよ「お皿を洗う」という名のプロジェクトを立ち上げるときまで、わたしはひたすら待ちました。

現実をくもらせる「ずぼらさんの視界」

ずぼらさんには、ずぼらさん特有の**「ずぼら視覚」**があります。
2、3枚ほど積み重なった皿は目に入りません。じわじわと進む散乱は、見えないのです。
美しくきれいに整っている状態と、めちゃくちゃに散らかった状態は見えますが、その中間を脳が検知することはありません。

もちろん、ふとした瞬間に、散らかった様子が目に留まることもありますよ。

しかし、そんなときでも、それが緊急を要する光景には映らないのです。なんといっても、家のなか全体が「いつもよりずっといい感じ」。この「いつもよりずっといい感じ」のときは、なぜか、皿洗いをさぼってもいいよね？　と思ってしまうのです。

【パーティ前の3週間にわたしが全力を注いだこと】

①そうじすること
②ものを処分すること
③カウンターに皿を積み上げないこと

だとしたら、

【パーティ後の3日間のわたし】

①まだそうじしなくてもいい
②まだものを処分しなくてもいい
③まだ皿を気にしなくてもいい

しかし、現実はそううまくいきません。

2つの「片づけのプロジェクト」のあいだが長引けば長引くほど、「片づけのプロジェクト」は圧倒的に大変になり、ますます先延ばしにしてしまいます。

これを打開する方法は何でしょう？

お皿を洗うことです。

わたしが受け入れるべきは、家事は壮大なプロジェクトではないという事実。

むしろ退屈で、平凡で、いつも同じことのくり返し。**家のなかをいつもきれいにしている人というのは、こういう退屈で平凡なことをコツコツとくり返している**わけです。

これは、かなりうんざりとする現実です。とりわけわたしのように、仕事においてはそれなりに有能だという自信があり、なににつけてもよりよく改善できる方法をつかんでいるという確信があって、目標設定に向かってイキイキとがんばれる人間にとっては。

でも、いいニュースもあります。

食器を洗うとなったら、わたしはかならず2、3時間はかかると踏んでいました。

食洗機に食器を何度も入れては出し、ありったけの鍋やフライパンを手で洗ったとこ

1日/10分だけ
家事サボった分
10分
+
10分
+
10分
…
巨大プロジェクト
キャーー!!

ろ、なんと、全部がきれいになった段階で食器類が戸棚に収まらないという事態が起きました。

わたしには「汚れた皿の算数」がわかっていなかったのです。当然、家のなかの皿を1枚残らず洗うには何時間もかかります。

ところが翌日は、小皿が10枚にグラスが12個、コーヒーカップ3個とパスタ鍋1個と小鍋1個ですみました。そうなると、あら不思議。全部まとめて、食洗機に収まってしまいました。

1回分なら、食洗機から食器を出して戸棚に片づけるのに5分もかかりません。それに、また食洗機に食器を入れるのも5分だけ。

あわせて、たったの10分です。

だけど2日分の汚れた食器は、一度に食洗機に収まりません。だから、毎日やれば10分で終わるのに、1日あけたら（入りきらない分を手で洗うことになるから）20分はよけいにかかってしまいます。

3日分たまると、どうなるかって？

当然、何時間かけても終わらない状態に逆戻りです。

というわけで、新しい目標は、

「食器洗いが巨大なプロジェクトにならないように、毎日コツコツ洗うこと」。

じつは、基本的な家事がプロジェクトじゃないと気づいたとたん、人生は変わります。

毎日、食器洗いを続けると、洗い物をためてから「プロジェクト」として行ったときよりずっと短時間で終わってしまい、精神的な負担も少なくなります。

そう、これでほかの「本当にやるべきこと」のための時間ができました。

バスルームの模様替えをしたり、本を書いたり、子どもたちといっしょに裏庭の花壇に苗を植えたり、そういう**わたしの好きなことのための時間**が。

まるで魔法のよう。

「ええ〜？　ただ食器を洗うだけなの？」だなんて、わたしがあまりにも単純に考えていると思いますか？

心配はいりません。そこのところを、これからくわしく詰めていきましょう。

「小さなこと」から始める

幻想

やらなきゃいけないことが
多すぎて、パニック。
そうだ、リストをつくろう。
細かいリストを。

現実

そのリストを紛失。

スタート地点で必要なこと

「どこから手をつけたらいいのかもわからない」

よく耳にする言葉ですし、その気持ちも理解できます。

家事はプロジェクトじゃない、とわかってはいても、わたしみたいな人間は、家じゅうが手のつけようのない散乱状態ですから、それはもう大仕事になってしまいます。

どこから手をつけたらいいかなんてさっぱりわからないけれど、**「今まで自分がやってきたことは、うまくいかなかった」**ということだけはわかります。

わたしも以前はなにをやっても元どおり、いつまでたっても進歩しませんでした。

そこで決心したのが、**小さなことから始める**こと。

できるだけ小さくて、できるだけ手軽な家事。

まず、なにはともあれ食器を洗うことにしました。キッチンをきれいにする作業のなかで、食器洗いにいちばん時間がかかるし、それさえすめば、ほかの片づけもスムーズにいくだろうと考えたのです。

小さなことから始める。

とにかく食器。毎日かかさず食器を洗うだけでも、わたしにとってはものすごい進歩でした。

「家のなか全体を」なんて思わず、「キッチンだけでもとにかく」とも思わず、「ただ食器のことだけ」考えて、ひたすら洗いました。

2日目も、わたしは食器を洗いました。

3日目？　また洗いました。

とにかく目標は、食器を洗うことだけ。

とりあえず、できそうな小さなことをくり返したんです。

すると、思いもよらないことが起きました。食器洗いをしているうちに、食器の洗い方がわかってきたのです。

それ以前に洗い方を知らなかったというわけではありません。でも、「1つの習慣として」食器をどう洗うかは知らなかったのです。

1つには、どこに手を伸ばせば洗剤をつかめるか謎だった、ということがあります。きちんと洗剤の置き場も決めていなかったからです。

そして、たとえばシンクにちょっとお皿が置いてあったとき。たかだか2、3枚の皿を洗う意味があるのか、という問題があります。子育てでめちゃくちゃ忙しいときに、流し台にかろうじてできた食器の小山をどうすればいいのか問題。

パパッと洗う？　このまま放置する？

もちろん今までのわたしは迷わず放置していました。

幼いころからお芝居の才能があったわたしは、前述したように、自然と演劇の道に進みました。ところが大学に入ると、演技について学ぶことがどんなにたくさんあるか思い知らされショックを受けました。

もって生まれた一定の才能を活かして活躍する人もいますが、じつは演技力とは多くの人にとって自然に身につくものではなく、がんばって習得すべきものだということです。

このとき、スキルを身につけるべく懸命に努力していた仲間の姿が、わたしの目に焼きついています。最初はギクシャクしていた彼らもみるみるうちに、優秀な役者へと変わっていきました。それは、彼ら自身がスキルを習得したからにほかなりません。

ギターを手に取ったり、ピアノの前に腰かけたりしたら、すぐにメロディを奏ではじめられる人もいますが、それはごくまれな人たち。

たいていのミュージシャンが、毎週、何時間も練習し、それを何年も続けてやっと、世間に「本物だ」と認められるスキルを身につけます。

練習を積んでスキルを身につけると、いとも簡単にできるように見えてしまうもの。でも、**なにかを簡単そうに見せるには、ちょっとした努力**が必要だということです。


このことに気づいたわたしは、自分自身の背中を押すために、以前、演劇学校の生徒たちやわが子に向けて語った「はげましの言葉」を、そっくりそのまま自分に向けて語りかけました。

「人が簡単そうにやっていることのほとんどが、スキルなの。才能だけじゃない。スキルは、何度かやれば習得できるものなのよ」と。

そうこうしているうちに、毎日かかさず（汚れた皿がほんの少ししかない日も）食器を洗っていると、だんだん、ぎごちなさを感じなくなりました。

食器洗いにかかる手間を計算できるようになり、何時間どころか、ほんの数分間でできるとわかり、いちいち始める前に「ヤだなー」とため息をつかなくともよくなったからでしょう。

今やるべきことは、食器を洗うことだけ。

ところで、うちには食洗機がありますから、実際には、きれいになった食器（前日使った分）を食洗機から出して食器棚にしまい、いったん食洗機を空っぽにして、汚れた食器をまた入れるという作業です。

すると、最初の1週間が終わるころ、まだ「食器洗いなんて余裕でできる」とまではいかないものの、完全に手のつけられないタスクではなくなってきたのです。

もう1歩だけステップを前に

味をしめたわたしは、別のタスクを1つ追加することにしました。

キッチンを見回し、考えました。自分がいちばんうんざりするものは何だろう？　いつもイヤになることって何だっけ？

「そう、モノにつまずいちゃうことだ」

はい、当然、つまずくのは、床にものがあるから。

前の週の新聞紙の山、子どもたちが落としたナプキン。犬が見向きもしなかったブロッコリひと切れ。なんでここに落ちているの……。というか、早く拾おうよ、ワタシ……。

そこで「毎日、床をきれいにしよう」とわたしは決心しました。初日は、これも例によって一大プロジェクトでした。

わが家の場合、「拭きそうじ」の中身は、新聞を拾い上げ、床に置きっぱなしの買い物袋からまだ出していない食材を出して片づけ、前日開けたペーパータオルの外袋を捨てること、などなど。腰をかがめてものを拾い上げ、必要なものをしまって、いらないものを捨てて。

これはもう、どう考えても大ごとです。

カウンター下も、椅子の下も、床のそこかしこにオモチャやガラクタが隠れていて、拭く前に全部取りのぞかなければなりません。

だけど、なんとか完了すると、キッチンはすっかり見違えるようになりました。

ものが積み重なっていないシンク、なにも置いてないカウンター、ガラクタひとつ転がっていない床。まるで、まともな主婦のキッチンのよう。これなら、たとえ不意の来客があってもダイジョウブ。

そして、驚きの結果がわかったのは（食器洗いと同じく）2日目のことでした。翌日には、拭きそうじが〝大仕事〟ではなくなっていたのです。あっという間に終わってびっくり。なにも拾わずにただワイパーで床を拭くことができたんです。

次の日も、また次の日も同じ。毎日やれば、全然めげずにできるようになるんですね。こうして「つまずかずに歩ける床」を目指して、毎日キッチンの床を拭くのは、2分（どんなに長くても4分）しかかかりません。

それまで目に入らなかったものを1つか2つ拾い上げる作業が加わったとしても、せいぜいそれくらいです。

この「脱ずぼらプロジェクト」の最初の数週間で、わたしは「小さな習慣の威力」を思い知りました。これほど人生に影響力があるなんて！

気をよくしたわたしはどんどん新しい習慣を追加しました。1つがなんとか違和感なくできるようになったら、また1つ別の習慣を、というふうにです。

少しがんばれば、新しい習慣であっても、すぐに違和感がなくなります。

何を習慣にするかは、家のなかを見回し、自分にとって何がいちばん気になるかということしだいです。

あなたのイライラの元は、玄関に積まれた靴の山かもしれません。それとも、本棚からあふれ出ている本の山かも――なんでもいいから、自分にとっていちばん目障りなもの、解決不能に見えるものを選びましょう。

まずは今日、それを解決しましょう。そうして、これが肝心なのですが、明日もそれをくり返しましょう。また大問題になる前に。

あとは、**とにかく1週間続けましょう**。そうするうちに、感覚がついてくると思います。

「いや待って、うちには食洗機がない」という人へ

このあたりで、ちょっとお話ししておいたほうがよさそうなことがあります。とりわけ、わたしの「食器洗いのススメ」に思わずゲンナリと深いため息をついたみなさんに向けて。

食洗機に食器を入れる、空っぽにする、食器をまた入れる、などなど、わたしが食洗機のことを口に出すと、それなしで家事をしている人たちから不満の声が上がります。

「（ため息をついて）あーあ、うちにも食洗機があったらいいのになあ」とか「ふーん、

あっそ。食洗機があってよかったね」などというお声をたくさんいただきました。

たしかにわたし個人にとっては、断トツの必需品ではありますが、その食洗機がわたしのキッチンをまともな状態に保っているのではありません。

そうしているのは、結局**「自分自身」**なのです。


その証拠に何年ものあいだ、わが家には立派な食洗機があるのに、キッチンは無残に散らかりっぱなしでした。

一方で、義理の母や妹や、わたしがよく家に遊びに行く仲のいい友だちなど、わたしのまわりには、食洗機を使っていない人がたくさんいます。

それでも彼女たちのキッチンは、きれいに片づいています。じつは、長年がんばって手で食器洗いをしていた友だちは、食洗機を使い始めたとたん、毎日の習慣が乱れてしまい、そのせいでキッチンが前より片づかなくなったとグチを言っていました。

要するに、**食洗機があるかどうかは問題ではなく、「習慣があるかどうか」が問題**なのです。


夜寝るまでに「洗いものをする」と決めたのなら、たった1枚なら次の日でもいいか、と思わずに、たった1枚の皿を洗うくらい、パッとすませてほしいのです。

肝心なのは、食洗機がない家にいて「食洗機さえあったら……」と嘆いても、汚れた食器は人生から消えてなくならないということ。

キッチンをきれいにしておきたいなら、キッチンをそうじするしかありません。その前段階として、キッチンをそうじしやすい状態にするために、食器を毎日欠かさず洗うしかありません……。

何度も申し上げますが、食洗機があってもなくても、関係ないのです。

わたしも「脱ずぼら生活」始めました！

各パートのまとめとして、わたしのブログの読者から寄せられた意見や体験談をご紹介します。「こういうことに苦労しているのはわたしだけじゃない！」ということを、みなさんと共有していきたいと思います。

うちには食洗機はありません。でも、夕食後におやつを食べた誰かの食器を朝になって見つけるのは絶対にイヤ。ですから、夜８時以降に洗いものをするのはあまり好きじゃないけど、寝る寸前に食器を洗うようにしてます。朝いちばんに水切りカゴから食器を出して片づけるほうが、汚れた食器と対面するよりずっと気分がましだと思います。

――Ｋさん

ただ食器を洗うだけで、前と全然違ってくるし、もっとなにかしようかなって気分にもなります。もしそうならなくても……少なくとも、食器はきれいになる！

――Ｌさん

目が覚めたら魔法が起きている

幻想

習慣になれば、
そうじ機をかけるのだって
無意識にできてしまう。

現実

無意識でそうじができるなんて
ありえない。
なにも考えずに
習慣はつくれない。

自分に言い訳をさせない方法

「脱ずぼらプロジェクト」の最初のころ、わたしは習慣にすべきことのリストを「つべこべ言わずにやるタスク」と名づけました。ああだこうだ言わずに、なにがあってもとにかく毎日やるべきこと。

わたしは「言い訳を考えつくこと」に関しては誰よりも優秀で、「今はちょっとタイミングが悪いんじゃない？」とか「もっと散らかるまで待ったほうが、あとで一気にできるわけだし、かしこいよね？」とか、ありとあらゆる逃げ口上を思いついてしまうのです。

しかし、毎日やることには検討の余地はありません。これは「日課」です。

必須最低限でもとにかくこなせれば、意外にも、ある一定の数以上は「やるべきこと」を追加しなくてもいいことに気がつきました。

どういうことかというと、小さなことでも毎日やっていると、それだけでわが家はびっくりするほどきれいになったのです。

そこで、わたしがやってみて気がついた**「いちばん影響力のあるタスク」**をこの本では4つ選びました（パート7でまとめます）。ほんのささいなことですが、つべこべ言わずに、とにかく毎日続けると、やがてそれが自然になります。

そもそもうちが人も招けないような事態におちいっていたのは、わたしが家事をサボる口実を見つけるのが得意だったからです。

「今は忙しすぎるから」「たったこれだけの汚れ物を洗うなんて、水のムダづかい」「ちょっとあとで、もっといいタイミングのときに」などなど、ほんの少しでも筋が通っていそうだったら、これ幸いとサボっていました。

これに気づいたわたしは「あらためて決心する」というプロセスを排除しました。毎晩、**「食器を洗うかどうか決めるのをやめた」**のです。

なぜかというと、もし皿を洗う前に、「決めるプロセス」を実行していたら、わたしの脳内はこんなふうに言い訳を考えついたと思います。

「たったこれだけの洗い物だと、今、食洗機に入れてもいっぱいにならないわ。明日まで待ったほうがいいよね。節水も大事だもん。今日はエコを第一に考えよう」

バカバカしいと思いますか？　でもめんどうくさい家事を回避するためなら、ずぼらさんの脳はどんな言い訳でもひねり出そうとします。

一方で「洗うか洗わないか、あらためて決心しない」場合には、選択の余地はありません。洗い物の数がどうであろうと、食洗機のボタンを押してスタートさせるだけです。

やる気を加速するエンジン

家のなかのあまりの散らかりように圧倒されているときに、よりにもよって食器を洗うだなんて「人をバカにするにもほどがある」と思うのもわかります。

「食器洗いなんて、どれだけの意味があるの？　毎日、何度でも家族はごはんを食べるし、食べるたびに食器を使うんだから。すぐに洗ったって、2時間かそこらでまた食器は汚れてしまう。さっさと家全体がきれいになる片づけの方法を教えてほしい」と。

だけど、意味はあるんです。食器を洗うことは、この「家全体を変える」プロセスの第1ステップ。

そして翌日また続けて洗うことができたら、そのときこそ、不思議なことが起きます。もし、あなたが「このアドバイスはくだらない」と思う理由が、いつも食器は洗っているからだとしたら、それはすごいこと！　これは皮肉でもなんでもありません。だって、多くのずぼらさんが克服しなければならない最大の難所をもうクリアしているのですから。

「ほかにもやることがいっぱいあるし、洗いものをすることだけに時間をかけていられない！」という方もいるでしょうね。

はい、ほかのことには全然手が回らなくなるのはわかっています。だからきっと、終わるころにはくたびれ果ててエネルギーのかけらも残っていないでしょう。そのうえ、夕食後には、シンクはまた汚れた食器でいっぱいになります。

それでも、とにかく食器を洗いましょう。

料理を始める前に洗いものをしなくてもいいということが、どんなに気持ちいいことか体感してください。

昨夜の汚れた皿を脇にどかさなくていいのです。包丁だって使う前に洗わなくていいし、まな板の上にも十分なスペースがあります。

まるで料理研究家の、ピカピカのキッチンにいるような気分。

でも、本当に不思議なことは夕食後に起きます。

食器をまた洗いましょう。すると、ちょっとコツがつかめてきます。そう、1回の食事で出た汚れものを洗うのにどれくらいの時間がかかるか、パッと見ただけでわかってしまうんです。


本当に本当の魔法が起きるのはそれからです。翌日の朝、目を覚ましてキッチンに足を踏み入れたとき、出迎えてくれるのはきれいに片づいたカウンター。そこにあるはずの汚れた皿の山がありません。

そうです。朝から食器洗いをしなくてもいい！ そしておそらく「だったら、なにかほかのことをしようかな？」と、なんだか久しぶりにやる気がわいてくるんですよ。

1週間、毎晩食器を洗うことに慣れてきたら、もう1つタスクを追加しましょう。わたしのおすすめは、**キッチンの床にワイパーをかける**こと。これもやはり、1日目と2日目以降とではまるっきり違ったものになります。

1week
せっせ
せっせ
2week

「ちょっとした判断」をやめる

幻想

わたしの脳は、
きっと分析に向いている。
問題をとことん掘り下げて、
解決策を考えるのが楽しい。

現実

本当は問題じゃないことまで
問題に変えてしまう。

決めることが「ストレス」になる

オットとわたしが最後に車を買ったとき、絶対にはずせなかったポイントは……「スマートキー」でした。

その前に、たまたまスマートキー仕様のレンタカーを借りて2週間ほど過ごしたのですが、その間のなんと幸福だったこと。その理由はたった1つ、キーを探して大あわてしなくていいからでした。スマートキーのいいところは、かばんのなかに入れっぱなしでドアが開けられること。

これは重要なポイントです。なにを隠そう、わたしはものをなくす名人。

毎度毎度というわけではありませんが、どうやら頭がなにかでいっぱいになると、この傾向が猛烈に強まるみたいです。「プロジェクト大好き人間」の1人として、ついつい自分の頭を「やることリスト」でいっぱいにしてしまうわたし。

しかも、いろんなことを忘れ始めるまで、自分がそうなっていることになかなか気づきません。脳が、大事なことを処理するために「ささいな」情報を消去してしまうのです。

残念ながら、車のキーをバッグのなかのどこに入れたかというような情報も、わたしの脳は「消去してもいい、ささいなこと」と判断します。

人間の脳がものすごく大量の情報を処理できるのは、余分な情報を消去し始める前だそうです。つまり、やることが多すぎて大事なことをド忘れするようになったら赤信号。脳が容量オーバーしているのです。

これは科学的な真実。そして、わたしはその経験者でもあります。


というわけで、スマートキー車の優れたところは、キーを探すために大騒ぎしてバッグの中身をひっくり返さなくてもいいことだけでなく、さらに、**脳内の情報を1つ減らせる**ことにあります。

覚えておくべきこと、気にすべきことを1つ減らせるというのがポイント。

わたしの提案は、できるかぎり**「心配やストレスのタネを取りのぞくべく、小さな方法を見つけましょう」**ということ。


みなさんの場合は、どうでしょう。

いちいち脳の空き領域を使うほどの価値もない小さな問題について、考えたり判断したりするのをやめてみるのもいいのでは？

小さなストレスが解消されれば、そのぶん、脳に空きスペースができて、なにかもっと大事なことに使えるというわけです。

今日から食器洗いは「毎日やらなければならないって決心した」ことにするのです。

もし毎日の食器洗いを「今やるか、いつやるか、あらためて決心すること」にすると、知らずしらずのうちに、その決断が脳のスペースを占めてしまいます。

「今日もいろいろ忙しいけど、もういいかげんキッチンの片づけを始めるタイミングを決めなきゃ。どうしよう、どうしよう、どうしよう……ぐるぐるぐる」

これは大きなストレスになります。たとえ、それを自覚していなくても。これが毎日のこととなると、けっこう大変。

ところが日課にしていれば、何度も同じ決心をする必要がありません。いつだって毎晩かならず食器を洗うことがわかっているので、昼間のどんな時間帯にも「いつ食器を洗おうか」と心配しなくていいわけです。

同じように、「月曜日がわが家の洗濯の日」と決まっていると、水曜や土曜には洗濯のことを忘れていられます。いつやろうかと悩むエネルギーがかかりません。

リストも予定表も必要なし

世の中には「なんでもリストにするのが大好き」という人もいます。だけど、日課や習慣を身につけようというとき、みなさんが目指すのは「近い将来に、必要なことがふつうにできる状態」です。

ふつうにできることなら、リストはいらないと思いませんか。

毎日どんなに忙しくても、ちょっとした隙間の時間はあるものです。そんな時間ができると、すかさずわたしはこう思います。

「この時間になにかしなきゃもったいない。さて何をしよう?」

家のなかをちゃんとしておくための基本の習慣が身についていると、いちいち何をするか決めなくても大丈夫。代わりに、この時間をかしこく使うことができます。

わが家では、毎晩食洗機をスタートさせるということが決まっています。これはもう事実として揺るぎません。ならば、この5分間を使って今夜のタスク全体を5分早く終わらせたらいい。

カウンターやシンクに置きっぱなしのお皿を食洗機に入れたり、リビングルームにお皿が残っていないかチェックしたり。どっちみちすることなんだから、今のうちにやってしまいましょう。

もしも、もうシンクもカウンターもバッチリだったら、床を拭いたり、バスルームをチェックしたり。

もちろん、こういうことが全然できなくなるときもあります。生きているあいだには、平穏な日常生活が吹っ飛んでしまうことも起きますからね。そんなときには、絶対にやると決めた基本の習慣さえこなせないこともあるでしょう。

でも、もううろたえることはありませんね。

片づいていない状態に戻るといっても完全に逆戻りするわけではなく、すべきことはもう決まっています。また基本の習慣を1つずつ再開すれば大丈夫。

何から手をつけるか悩まなくていいですよ。

初日は5分だけ

幻想

いいこと思いついた！
食器洗いも洗濯もそうじも
毎日やったら、これからずっと
家はきれいなままよ！

現実

うーむ、食器洗いだけに
6時間もかかってしまった。
ってことは、
バカな思いつきだったわ。

とにかくこれだけ！「4つの習慣」

これがわたしのような「3日坊主の人」にありがちなのですが、初日に「習慣」のよしあしを判断してはいけません。1日目はまだ「習慣」になっていないのですから何をするにしても、最初はぎごちないと感じるもの。そこであきらめないでくださいね。

とにかく続けていく、基本の4つの習慣があることはお話ししました。

その4つはズバリ次のようなことです。

①食器洗い

②キッチンの床のワイパーがけ

ここまでは、前のパートで触れましたね。

これら2つが毎日の習慣になったら次は、

③バスルームを毎日チェックして不要なものを見つける

ガラクタや散乱したものを自分の目で見つけるトレーニングです。

初日はむずかしくても、しばらくするとバスルームそうじを手っ取り早く簡単に（ひるむことなく）すませられる状態にするのが目的です。

これを毎日こまめにやっておけば、いざそうじするときに30分もかけてガラクタ集めをしなくてすみます。

このタスクも、食器洗いやキッチンの拭きそうじと同じように、2日目にはずいぶん楽にできるようになります。

④5分間、家じゅうの床に落ちているものを拾い上げる

ほかの3つとは違って、時間が決まっているので、手軽にできます。

2枚かそこらの皿を洗うなんて意味がないと思う一方で、わたしはいつも家じゅうに散らばったものを見逃していると自覚していました。

だから、毎日かならず「床に落ちているものを拾い上げる」時間を組み込もうと決めました。

「脱ずぼらプロジェクト」を始めたとき、この「床に落ちているものを拾い上げる」作業は、きっと家族のほかのメンバーには期待できないだろうと思っていました。それに、こ

ういう作業がわたしはなによりも嫌い。

では、どうするか？

そこで考えたのが、**「5分間だけのタスク」**にすること。「たった5分。これならできるでしょ？」とハードルを下げたのです。

タイマーをセットして行動開始。家のなかを歩き回り、床に置きっぱなしのものを拾い上げては片づけました。そしてタイマーが鳴り出すと、ピタリと終了。

この「ピタリと終了」が、ポイントです。

ちなみに、初日から完璧に片づいた状態にするなどと考えるのは危険です。そんな考えではうまくいくことも、いかなくなります。

くれぐれも調子がいいからと、初日から5分以上やろうなどとしないでください。

ここは、しっかりと肝《きも》に銘《めい》じておいてくださいね。

初日に手をつけるのは、あちこちに置きっぱなしのものやガラクタのいちばん上の層だけ。5分間では、そこまでが精一杯です。

でも2日目は、いちばん上の層を突破できるので、もう少し深くまで切り込んでいけます。

その翌日には、さらに深い層まで到達し、以前ならくじけそうになるタスクにいつのま

にか取り組んでいる自分に気づくでしょう。

それでも、とにかく5分で終了です。この5分にどれほど大きな威力があるか、その手ごたえを毎日ハッキリと感じることでしょう。

たった5分なのに驚異の効果

あとのパートでじっくりと触れるつもりですが、5分間の「床に落ちているものを拾う」タスクが、じつは家族ぐるみで取り組むのにいいきっかけになると思います。

そうはいっても、この習慣を初日に評価しないでくださいね。

1日目にはたいした効果は現れないし、そもそも、**「あなたの初日＝ほかのメンバーの初日」**とはならないかもしれません。

まずは、あなたがタイマーをセットするところ、そして5分間のタスクをこなすところをやって見せましょう。本当に5分でストップするところも見せましょう。

それでもいざ家族ぐるみでやってみると、やっぱり大変だし、ちっとも楽しくない作業になります。

子どもたちは急に嫌味たっぷりに「ハサミやノリや歯磨き粉をどこにしまうのか初めて知った！」とコメントしたり、突然「もう疲れた。イヤだ」と言い出します。

初日はきっとさんざんでしょうね。自分1人でやったほうが、ずっと片づいたかもしれない。まるまる5分間、家族に指示を出し、ヒントを与え、ときに脅しながら……だったのですから。

でも2日目は、ほんの少しましになり、3日目には、もっといい感じになります。その後も何日かやっていくうちに、「ママが突然に決めた」イベントではないことが子どもたちにもわかるようになります。

そして本当に5分でやめられることができるようになると、自分自身、この「家族ぐるみの片づけ」が心地よくなるでしょう。

なぜかというと、**ものを拾うことは「効果が足し算」になる**からです。

さらに家族そろってこのタスクを理解しいつも目配りしていなくても自分たちでどんどん作業するようになったら、5分に人数をかけた「かけ算」が生まれます。

わが家の場合は、わたしと子ども3人（オットが家にいるときは、プラス1人）で同時に始めると、5分×4(か5)のインパクトが一気にドカンともたらされます。

この習慣を1日のどこに組み込むかは、自分しだい。

「やろう」と思ったときが、いちばんいいタイミングです。わたし自身は寝る前にはやらないことにしています。

いつやるか決めていても、そのときになるとうっかり忘れてしまうこともあります。そんなときは「明日は絶対に忘れない!」などと言い聞かせたりするのですが……。

そんなわたしにとっていちばんよかったのは、あるとき「完璧なタイミングはないんだ」と気づいたこと。

「とにかく1日のうちのどこかでやればいいし、あるいは、ほかの習慣3つをするついでにやってしまうのもいい」

要は、いつでもいいから毎日5分だけはやりましょう、ということです。

さらに、このタスクには遅れを取り戻すプラスアルファの作業をする必要はありません。5分間は、なんであろうと5分間です。

それにくり返しになりますが、どの習慣も、初日によしあしを評価してはいけません。

タイマーは最強の味方

幻想

とにかく今は（　　　　　　　）をする時間がないの。

※カッコのなかには、わたしが今やりたくないことが入る。

現実

わたしには時間の観念がまったくない。「時間がありあまっている」か「もう遅すぎる」かのどちらかだ。

時間の感覚を取り戻すために

いわずもがな、わたしは「日常のありふれたこと」が嫌いです。

食器を洗ったり、あちこちに散らばったものを拾うことを**毎日の習慣として固定させ、毎回あらためて「やるかやらないか」決めなくてもいいようにしたのは、こういう「日常のありふれたこと」から逃げないため**でした。

でもじつは、こんなことよりもっと大変なことがあります。

毎日やることではないけれど、それでもやらないではすまされないこと。バスルームをそうじしたり、床を水拭きしたり、あちこちのホコリを取ることです。

ああ、面倒くさい。毎日はやらなくていいことでも、生きているかぎりけっして終わることのない家事です。ホコリなんて、取った直後にまたすぐ積もってしまうのに。

もちろん、わたしにもそうじの重要性はわかっていますよ。

でも、そうじはお金を稼げる仕事ではないし、締め切りもないので、ついつい先延ばしにしてしまう。

やるべきことでも「どうせ今始めても、終わらせるまでの時間がないわ」という理由で無視したり、「これはたぶん、そんなに時間かからないな。今急いでやることもないでしょ」と軽く考えて、あとで（やらなかったために）しっぺ返しをくらったり。

軽く見すぎると、かならずあとで失敗し、その反動で、次は必要以上に重く見てしまう。そうすると、気が重くなってよけいグズグズする。まさに悪循環です。

この「グズ脳」克服のために、わたしはタイマーを使うことにしました。

たったそれだけ。

これで、いろいろなことを忘れずにスタートしたり、ストップしたりできるようになったから不思議です。

これはもともとわたしの母の教えです。

「大嫌いなことをするときには、タイムを計りなさい。そうしたら、どれだけ大変かわかるじゃない？」

なるほど！

タイマーがあるからこそ意識の区切りがつくし、何かを始めようという気にもなります。時間を制限してくれるからです。

毎日の「床に落ちているものを拾う」タスクでも、それを面倒がらずにできるのは5分間だけできっちり終われると知っているからです。

これが、わたしの処方箋。

「この作業は、かなり時間かかりそう」でも、「この作業は、あっという間にできちゃいそう」でも、何をするにしても時間を計ったのです。そうすると、効果てきめん！

10分間で何ができるのか

自分の大嫌いなことほど、永遠に終わらないことに思えてしまいがちですが、**「実際には、かならず終わる」とわかると、それほど嫌だと思わなくなってくる**から不思議です。

わたしにとっては、食洗機を空っぽにする作業。これがもう面倒くさくて、大嫌いでした。

でも一度ルーティンにしてしまうと、このステップの重要さが身に染みてわかったのです。

バスルームの
そうじ5分
お皿の片づけ4分
リビングに
そうじ機をかける5分
どれを
組み合わ
せる??

だって朝イチで食洗機を空っぽにしたら、いつでも汚れた食器を入れることができます。

シンクに重ねて置かずに、直接、食洗機に入れることができます。こうしておくと、キッチンがそんなにひどい状態にはなりません。

なのに、わたしは食洗機を空っぽにするのを後回しにしていました。「そんな時間はない」と思っていたし、「15分はかかるだろう」というのがわたしの見積もりでした。

その15分を割くのが無理なんです。お弁当をつくったり、子どもたちの靴を探したり、寝グセのついた髪を整えたり……やることでいっぱいの忙しい朝は、緊急事態でもないことに15分もかけていられないわけです。

そんなときに、ふと思い出したのが前述の母の言葉。

さっそく、時間を計りながら食洗機を空っぽにしてみました。結果は、4分。

たったの4分!

わたしの言い訳は粉々に打ち砕かれました。4分なら、1日のほぼどこにでも組み込めます。さすがのわたしも「そんな時間はない」とは言えません。

ほかのタスクも計ってみました。バスルームのそうじも、リビングルームにそうじ機をかけるのも、家じゅうのホコリをはらうのもタイマーをかけてスタート。結果は、それぞれ５分。

なんだかゲームみたい。楽しいゲームではないにしても、いちおうはゲームと呼べそうです。こうして、嫌いなタスクを完了するのに必要な時間を知ることで、作業の時間感覚が現実的になってきました。

でもたまに、思わぬ展開になることもあります。

子どもの友だちを迎えに行くのに車のなかを片づけなければならないとき、出発間際の５分でやろうと思ってギリギリまで引き延ばします。そしていざ始めてみると、車内の散らかりようは想定以上で、ゆうに30分はかかってしまうのでした。

タイムを計りながら車のなかを片づけるのは、わたしにとって「現実を知る」ことになりました。

散らかり具合によって、片づけにどれくらい時間がかかるかわかってきますので、「今度からは、片づけに30分もかかるまで散らかさない！」という目標も持てるわけです。

わたしも「脱ずぼら生活」始めました！

絶対に１時間かけなければできないと思っていたことがあるのですが……どんなに大量でも洗濯１回分の衣類をたたむのに、４分もかからないし、もっと短くてすむこともあります。タイマーで計ると、思っていたとおりの時間か、それ以上の時間がかかる作業なんてほとんどありません。すっかり片づいて最高です！

——Ｓさん

キッチンのこまごましたもの（ジャムやピクルスのビンやふた、じょうご、ミキサーの部品などなど）を片づけるのがとても苦手でした。
でも食器を洗ったあとに、５分か10分だけタイマーをセットして、カウンターの上のごちゃごちゃしたものを集中して片づけることにしたのです。
これを習慣にすれば、ずっと先延ばしにしていたタスクの山がだんだん小さくなって、最後は消えるんですね。

——Ｗさん

1週間のスケジュールを割り振る

幻想

ピカピカに磨かれた
バスルーム、
モップがけされたばかりの
キッチンの床、大好き。

現実

「そうじしなきゃ」
って思うのは、
いつも足の裏が床にベタベタ
くっつきだしてから。

「そうじの直感」とは何か

息子たちが通っている学校で交流パーティがあり、わたしはアイスクリームをカップに盛りつける係になりました。

ほかのお母さんと2人で、シロップやトッピングの材料を並べていると、いっしょに連れてきたうちの4歳児が、用務員さんをじーっと見て、こう尋ねました。

「ねえねえ、何、してるの？」

用務員さんは床をモップで水拭きしていました。

次には「どうしてモップをかけるの？」「今しなくちゃいけないの？」

4歳児は興味津々。まるで、はじめて「モップがけ」という風習を見たかのようです。

もう1人のお母さんは「ふふふ」と笑っただけ。でも「まずい」と思ったわたしは、あわててニッコリしながら言いました。

「ママも、毎週木曜日にかならずモップがけしてるでしょ！」

不意にキョトンとした、もう1人のお母さん。

「へー、ダナさんのおうちはモップをかける日を決めているの？　うちはとくに決めてないわよ」と言います。

え、じゃあ、どうしてるの？

「えっと、なんて言うか……、汚れてきたらそうじをしなきゃって、自分なりの**そうじの直感**があって、それに従っているだけなんだけど」

「そうじの直感」!?

「そうじの直感」は、まさにわたしをはじめ、ずぼらさん全員にないものです。

「今、何をしたいか」と考えたときに、床をそうじすることが頭に浮かぶことはありません。

「そうじしなきゃ」と思うのは……たとえば、オットの母がうちに向かっているのがわかったときとか、足の裏が床にベタベタくっつきだしたときとか。

「もういいかげん、やらなくちゃ」となったら、わたしはいつも「最後にやってから、どれくらいたったかな？」と考えはじめます。

数日？　数週間？　いや、たぶん、それ以上。でも何週間かは不明。まさか1カ月たってる……？

わたしが「脱ずぼらプロジェクト」を始めたのは、10年以上前のこと。

それから新年を迎えるたびに「変わらなきゃ。今年こそ、本気を出す！」と思って、エネルギーを一新してきました。

脱ずぼらの取り組みを始めてからは、わたしの直感は以前より精度が高くなり、床に山積みだったものも少しずつ片づき始めました。さすがにキッチンの床をきれいにしようと思っただけで途方にくれてしまうことはありません。

それでも、しょせんはわたしのずぼら脳。あまりあてになりません。すぐに「長いお休みモード」に入ってしまうか、またもグズな思考が頭をもたげ始めます。

曜日を決めておく作戦

人生にものすごく大きな事件が起こったら、つい昨日のことのように思える現象、みなさんにもありますよね？

ずぼらさんにとってはたとえバスルームのそうじであっても、一大事。だからそれを一度すませると、そのあと何週間も**「このあいだやったばっかり」**と思ってしまう。

「わたし、ついこの前やったよね？」と。

なにかいい対策はないのでしょうか？

やらなければならないけど簡単に先延ばしできるそうじのタスクに、どうにかして自分の意識をつなぎとめておかなければ。

そこで思い出したのが、昔ほんの短いあいだだったけどうまくいっていたやり方。息子たちがまだ小さかったころ、火曜は「トイレとバスルームそうじの日」、木曜は「洗濯の日」と決めていました。

すごいことに、トイレもバスルームもほとんどいつもきれいでしたし、家庭がうまく回っていました。

この戦術はしばらくうまくいったのですが、途中でやめてしまいました。

うまくいっていたことを、どうしてやめたのか？

考えられる原因は2つ。まず、日常のあれやこれやでバタバタしていたらだんだん立ち消えになった。

もう1つは、自分の編み出したやり方がだんだん尻すぼみになることに慣れていたこと。

だんだんやらなくなっていくのを予感し、「あー、やっぱり（できないよ）ね」と。

さあ、気分を新たにして、もう一度やってみることにします。

なにはともあれ、とても重要で、なおかつ毎週できそうなタスクを選ばなければなりません。

「1週間後に自宅にママ友たちを招くとしたら、わたしは何を、どうするだろう？」と考えました。

とにかく、すぐ始められること。わたしの場合は、

まず、月曜を「洗濯の日」に設定しました。
火曜は、トイレとバスルームをそうじする日。
水曜は、雑用と食材の買い出しをすませる日。
木曜は、キッチンの床をモップで水拭きする日。
そして金曜は、リビングのホコリをはらってそうじ機をかける日。

「木曜は、キッチンの床をモップで水拭きする日」と決まっているので、実行します。も

ちろん、モップだけかければ、ほかのことをする必要はありません（毎日やるべき4つの習慣はやってくださいね！）。

だからといって、毎週欠かさずというわけにもいかないでしょう。これは、あくまでも目標です。

前の週のモップがけをなにかの事情で飛ばしたとしても、そのままでOK。

「最後にモップがけしたのは、いつだっけ？」「今日やれなかった分は、いつやろう？」と思い悩まなくていいですよ。次の木曜が来たら、また新たにスタートするだけです。

「今日もできなかった。いつやれるだろう？　わたしって本当にダメだ」という終わりのない感覚は、しつこく肩にのしかかります。

でも、やるべきことを実行する予定があれば、この嫌な感覚は消えてなくなります。そして、その計画に必要なのは曜日の認識だけ。

そのうえうれしいことに、木曜が「モップで水拭きする日」と決まっていると、金曜から水曜まではしなくて大丈夫。

同じように、金曜にトイレが少々汚くても、それをずっと気に病む必要はありません。

もちろん、たまたま火曜以外にトイレが激しく汚れてしまう場合もありますが（5人家族だと、そういうことはよくあります）、それでも、週に1回のペースでそうじを続けていれば、そんな非常事態が起きても、ピンポイントで対応すればいいわけです。

1週間に1回はそうじをしてあるところに、ときどき「事故」が起こるくらいならわたしにも対応できますし、そのあとは次の火曜までトイレのことは考えません。

こうして**「いつかやらねば」というプレッシャーから解放されたことは非常に大きかったです**。だから、うまく続けることができました。

毎日やること、週1でやること

さて、ここまでご紹介してきた家事の作戦を、みなさんにお伝えすると、

「じゃあ、〝毎日の4つの習慣〟と、〝曜日を決めた週ごとの習慣〟どちらを先に始めればいいのですか？」

というご質問をよくいただきます。

その点については、〝曜日を決めた週ごとの習慣〟からではなく、毎日の〝4つの習慣〟のうち、食器洗いから始めることをおすすめします。

大がかりなそうじのほうが、効果が目に見えやすく、達成感があるのもわかります。

でも、今、**なにより必要なのは「続ける力」。**

この力をつけるためには、小さなことから始めるのがいちばん。

まずは毎日の〝4つの習慣〟から始めて、ある程度習慣が身についてきたら〝曜日を決めた週ごとの習慣〟へと進む順番は守りましょう。

実際、毎日する〝4つの習慣〟には、想像以上の効果があり、それによって家のなかが「けっこういい感じ」の状態に保たれます。

大がかりなおそうじのほうが、手ごたえが大きいように感じられますが、じつは、毎日の小さな習慣のほうが重要。

週1回のそうじを可能にするのは、毎日の小さな習慣です。


もしみなさんの家がすさまじく散らかっているとしたら、バスルームをそうじすると決めたときに、具体的にどんな作業が必要になりますか？

「脱ずぼらプロジェクト」のブログを始める前のうちの場合、

◎バスルームの床から汚れた洗濯物を拾い上げる

◎歯ブラシやヘアブラシの置き場をつくって、片づける
◎歯磨きのチューブをチェック。使い切ったのを3個ほど捨てる

バスルームのそうじ以前に、まずこういう作業が発生していたため、これも作業の一部に思えていました。

でも毎日の習慣として、バスルームに散乱したものがないかチェックできていると、週に1回のそうじのときはすぐに浴槽ブラシを片手に取りかかれます。

信じられないという人は、まず一度、タイムを計りながらバスルームをひととおりそうじしてみてください。

そのあとで、毎日の「バスルームに散乱しているものがないかチェックする」作業が習慣になってから、もう一度、バスルーム全体のそうじのタイムを計ってみるといいですよ。

どうしてうちのなかをそうじするのが、気持ちがくじけるほど手に負えないことに思えたのか。

その大きな理由は、**「そうじする」ことと「散らかったものを片づける」ことをいっしょにしていた**から。

この2つのタスクはまったく別物です。

でももし、くる日もくる日も大がかりな家事をこなす時間がなかったらどうしたらいいでしょう？　もし、毎日12時間、残業続きで仕事をしていて、そのうえ、週の勤務予定が決まっていなかったら？

そんなときは、自分の生活に合うタスクをこなしましょう。

やり方をいくつか試して、自分にいちばん合う方法を見つけてください。でも、それでも、毎日の〝4つの習慣〟は続けましょう。

状況しだいでは、すべてのそうじのタスクを土曜日にまとめてやることになるかもしれません。たとえば、第1と第3土曜にトイレとバスルームのそうじ、第2と第4土曜にホコリ取りと、そうじ機かけと、モップで水拭きをする――という感じです。

これは、曜日ごとにすることを振り分けられない場合の1つのやり方ですが、このなかに「洗濯」は入っていませんね。

洗濯はなにがなんでも毎週しなければいけないからです。

理由はたくさんあります。くわしくは、次のパートでご説明していきますね。

わたしも「脱ずぼら生活」始めました！

わたしもずっと“ずぼらさんの視覚”でものを見ていたと思います。このことに気づいたのは衝撃でした。ちょっとずつものが散らかっていくのは、わたしも見えないのです。完璧にキレイか、めちゃくちゃな状態かどちらかで、その中間がありません。

ダナさんのアドバイスを読んで、わたしも無理なくできることから始めて、毎日の習慣にしています。それと、毎週土曜の朝は、気合いを入れてそうじをする時間にしました。

もちろん、毎日かならず部屋を見回し、散らかったものを片づける時間もつくりました。今ではいつでも人を家に呼べます。こんなふうに思えることが、とてもうれしいです。

――匿名希望さん

「洗濯のサイクル」を攻略する

幻想

毎日かならず洗濯すれば、
もう二度と汚れ物の
大きな山なんてできない！

現実

洗濯機を回し始めると、
それっきり忘れてしまう。
次に気づいたときは、
生乾きの洗濯物が
洗濯槽にへばりついている。

なぜ洗濯がネックになるのか

左の絵は、月曜に出た汚れ物です。

わが家の月曜は何の日だったか？　そう「洗濯の日」。

もうご存じのように、「脱ずぼらプロジェクト」を始めたばかりのころ、わたしは毎週のように新しい習慣を追加していきました。

当時、何度トライしても失敗したタスクが1つあります。それが洗濯です。

洗濯のポイントは「忘れないでいること」なのですが、わたしにはそれがどうにも苦手。

理想は、洗濯機の前に小さな椅子を持ってきて、そこに腰かけ、洗濯物がザブザブ洗われる様子を眺めていたり、洗濯機の残り時間の表示が変わっていくのをぼーっと見つめていたり、読書をするなどして優雅に過ごす……。終わったらさっと立ち上がって、中身を出せるようにスタンバイ。

でも、ほとんどの人にそんな余裕はありません。そしてもちろん、わたしにもできるは

ずがないのです。

かといって、洗濯をほかの作業の合間にパパッとやる、ということも、わたしにとってとても難しいこと。

スタートボタンを押すまでの作業なら別ですが、そのあと乾燥機に移す段になると、もう別のことに気をとられているのです。

洗濯が得意な人にとっては想像もつかないかもしれませんが、「お洗濯！」と頭に浮かぶと、取りかかることはできても、終わらせることができないのです。

これはもう、ずぼら民族を迫害する拷問《ごうもん》ではないのか⁉

わたしだって、世の中には家事が得意な人たちがたくさんいて、その人たちが毎日欠かさず洗濯をしているのは知っています。そのやり方を真似したりもしました。

たとえば、夜、寝る前に洗濯機をスタートさせて、翌日の朝、起きてすぐに中身を乾燥機に移すのなら、忘れん坊のわたしにもできるだろうと。

寝る前に洗濯機をスタートさせるまではよかったのですが、そのあとがダメなのです。洗濯機を回したのをすっかり忘れて、翌日の夜まで放置。ハッと気づけば入れっぱなしの洗濯物からは生乾きの嫌〜な臭いが……。

「あー、洗い直しだあ！　嫌だなー、二度手間、めんどくさいなー」

そうすると、今夜のうちに洗おうと思っていた衣類は、また次の夜まで持ち越し。またその次の夜も、同じことでした。またまた洗い直しです。

洗濯物はたまるいっぽう……。最悪！

「エンドレスな作業」も「しくみ」でラクになる

結局のところ、どれだけがんばっても、3つの作業、

1　洗濯物を洗濯機に入れる
2　乾燥機にかける
3　たたむ

これらを、どうしても毎日の習慣にすることができませんでした。

もちろん、目の前に汚れた衣類があるのだから、最初の作業は忘れずにできました。でも、その衣類が洗濯機と乾燥機に入ったとたん、完全にわたしの視界から消えてしまいます。

そこでいよいよ、曜日ごとに「週1回の習慣」を設定したとき、洗濯の日をつくることにしました。すると、意外にもうまくいったのです。

また、すでにわたしがプロジェクト好きだということは、ご説明してきました。始まりがあって、途中経過があり、そしてきっちり終わりがくる――。

「洗濯の日」も、その1つと考えると、ずいぶんラクに取り組めるようになりました。

毎週月曜は、洗濯が1日の中心テーマ。このたった1つのテーマに集中すること。とにかく、洗濯！　洗濯！

月曜はこんなふうに過ごします。

ステップ1：家のなかの汚れ物をすべて分類する

じつはこの作業を、わが家は日曜の夜にやってしまいます。

わたしが「洗濯するもの、持ってきて！」と大声を上げると、子どもたちは大騒ぎです。

まず、汚れ物を分類して、いくつかの山に分けていきます。

世の中には、「反・分類主義」の方もいらっしゃるでしょう。たしかに、毎日洗濯するのなら、分類なしで全部まとめて1回ですませることもできるでしょうね。

でも、5人家族のわが家の1週間分の汚れ物は、どのみち何回かに分けなければなりません。だいたい、こんな感じ。

濃い色柄もの（2回分）
薄めの色柄もの（1回分）
白もの（1回分）
ジーンズや濃い色のタオル（1回分）
シーツ・その他（1回分）

どうでしょう。6ラウンド分です。これ、多いと思いますか？　少ないと思いますか？

「うちの洗濯物は絶対に6回じゃすまないわ」という人もいるかもしれません。

でも、このパートを飛ばさずに読んでいるということは、多分お洗濯が苦手ですよね？

だったらきっと、ご家族が1週間に出す洗濯の量をちゃんと把握できていない可能性があります。なにを隠そうわたしがそうだったから。

じつは、2回目のお洗濯の日まで、まったくわかっていませんでした。わかっていたのは「ものすごい量だ」ということだけ。

そのころのわたしが全力でがんばっていたのは、洗いたての衣類をソファに積み上げていくこと。その山が高くなりすぎて崩れかけたら、次はダイニングテーブルの上。

うちの家族ときたら、ちょうど洗い終わった服ばかりを着るものだから（ホントに腹が立ちますよね！）、その汚れた服をまた、まだ洗っていない汚れ物の山に積んでいくくり返し。

単に、山から山への服の移動。

……さすがに、これではいけないと一念発起したものの、いちばん最初の洗濯の日では、実際にどんなふうに進めればいいのかわかりませんでした。

洗濯物をため込んでしまっているおうちなら、最初の日に洗うのは1週間分ではすみません。家じゅうにある汚れ物全部が相手です。
当然、（着られる服が不足していたために）余分に買い込んだ服も、汚れ物の山のいちばん下にある、子どもたちが成長して着られなくなった去年の服も、タスクに含まれます。ひどい場合だと、最初の洗濯は1日かけても終わらず、それどころか、まるまる1週間かけても終わらない可能性だってあります。
なにはともあれ、たまった洗濯物を分類することが「ステップ1」です。

ステップ2：1ラウンド目開始

1ラウンド目の洗濯機を回します。わたしはたいてい日曜の夜にやってしまいます。

ステップ3：1ラウンド目の洗濯終了⬇2ラウンド目開始

1ラウンド目が終わったら、洗濯機から中身を出して乾燥機に入れ、次の汚れ物を洗濯機に入れます。

ステップ4：1ラウンド目の洗濯物をたたむ⬇2ラウンド目の洗濯終了⬇3ラウンド目開始

1ラウンド目の乾燥が終わったら、乾燥機から衣類を出しながら1つずつたたみ、すぐに引き出しやクローゼットにしまいます。

洗濯機から2ラウンド目のぬれた衣類を出して乾燥機に入れ、洗濯機に次の3ラウンド目を入れてスタートボタンを押します。

ステップ5：以下同様
ステップ3と4を、1週間の洗濯物の山が1つ残らずなくなるまで、ひたすらくり返すだけ。

変化は3回目にやってくる

このキリのないタスクに区切りをつけるポイントは、ステップ1の「分類」。

いったん家じゅうの汚れ物を分類して山にしてしまったあと、新しく出た汚れ物は、別のバスケットに入れておきましょう。

これを分類ずみの山に足してはいけません。新しい汚れ物は来週の洗濯の日に洗う分です。混ぜないでくださいね。

次の週の洗濯は、次の週に心配しましょう。今は今週の洗濯のことだけに集中。

あとは、ひたすら洗濯を終わらせるまで、突き進みましょう。

ゴールは見えています。来週の洗濯の日までにゴールラインにたどり着けばいいのです。

何回洗濯機を回すことになるのか。ひょっとすると土曜の夜までかかってしまうかもしれませんが、とにかく1回目はめげないでください。

2回目の洗濯の日は、また最初の分類作業から取りかかります。はい、今回も家じゅうの汚れ物全部です。

さて、ここで前と違っている点にお気づきでしょうか？　目に見えるハッキリとした違いがありますよね？　そうです。このとき目にしているのがまさに1週間分の汚れ物なのです。

暮らしの変化を感じるのは、3回目の洗濯の日。

1回目に、あきれるほど大量のものを洗濯し乾燥させ、

1ROUND
キャー!!
濃い色柄もの
薄い色柄もの
白もの
タオル・ジーンズ
シーツ・その他
2ROUND
まだまだ…
薄い色柄もの
白もの
タオル・ジーンズ
シーツ・その他
3ROUND
先がみえてきた♡
白もの
タオル・ジーンズ
シーツ・その他

2回目も、死ぬほどウンザリしながら、またも大量の洗濯をすませたら、もうこのへんで一段落ついてもよさそうですね？

3回目になるともう、「きれいな下着はあるかしら」と心配することもありません。引き出しを開けたら、そこにちゃんとあるのです。

洗濯物のカゴには、やっぱり汚れ物が少しずつたまっていきます。でも、もうそれで気持ちが滅入ることはありません。

だって、これは次の週に洗うべき分なのですから。

こうして、2回目の洗濯の日のあと、あのまとわりついていた不快感もすっかり消えて、明るい気分で過ごせます。

そうなると不思議なもので、次の洗濯の日が楽しみにすらなってきます。

みなさんの「反論」にお答えします

幻想

状況判断にかけては、自信がある。
何が「必要な行動」で、何が「余計な行動」かわかっている。

現実

とにかく「余計なこと」をやりたくないわたし。
その一方で、やるべきことをやらずにすます口実もポンポン頭に浮かぶ。

反論その1
「乾燥機から出しながらたたむだなんて、非効率」

前のパートでみなさんに鼻で笑われてしまった部分を、もう少しお話ししようと思います。ステップ4について。

「乾燥機から出しながら衣類をたたんで、そのあとすぐに片づけましょう」

わたし自身、最初は、乾燥機から出しながらたたんだりしていませんでした。どう考えたって時間がかかると思えたからです。

とにかく次から次に洗っては乾燥させる一連の作業を絶やさないこと、それが最優先でした。たたんだり片づけたりは、やろうと思えばあとでいつでもできる。

それより何より、なるべく早く洗濯機に次の分を入れてスタートさせなければ。

なぜって、洗濯機の1ラウンド終了までの時間ばかりは、わたしの意志ではどうにもならないし、一刻も早く汚れ物の山を減らさねば。

だから、すぐにたたむなんて効率悪い。

ところが、これが間違いのもとでした。

わたしが抱えた問題には、もうみなさんお気づきのことでしょう。作業を中断するための都合のいい言い訳をひねりだしては、結果、いつも作業が中途半端に終わるのです。

たとえ「洗いたての衣類はとりあえずソファに積んでおいて、さっさと次の分を洗濯機と乾燥機に入れるほうが効率いい」と（わたしのずぼら脳には）思えても、実際は、そうではないのです。

それではうまくいった試しがなかったのです。

ベッドかダイニングの椅子を「洗いたての衣類置き場」と指定しておけば、きっと、寝る前か食事を用意する前には、どうしてもたたまなければならなくなるだろうと考えていました。

この思わくは大はずれでした。

こうした「とりあえず」という場所は中間地点です。そして**中間地点は「先延ばしの温床」**になります。

一度の先延ばしが、いくつもの先延ばしを生むのです。たたんで片づける作業を後回しにして、とにかく洗濯機と乾燥機をどんどん動かすことに専念しているうちに、いつのまにか、きれいになった洗濯物をたたむ作業が意識からすっかり抜け落ちてしまいます。

こんなことを何度もくり返し、せっかくきれいになった衣類はうず高く積み上げられていきました。

ベッドをどーんと占拠した衣類の山を見ても、もはや寝る前にたたもうという気にはなりません。

（それよりも、腕にかかえて少しずつ運ぶほうがラクよね……リビングに……とりあえず今夜のところは……明日、かならずたたむから……。わたし、もうヘトヘト。まる1日ずーっと、お洗濯してたんだもの）

ところがある日、とうとう思い立って「乾燥機から出しながらたたむ」方式に切り替えてみたら、ものすごいことが起きました。きちんと全部終わったのです。

本当にはじめてきっちり終わったのですよ。

わたしの効率重視の脳ミソからすると抵抗はありますが、乾燥機から洗濯物を出すたび

❶お買い求めいただいた本のタイトル。

❷本書をお読みになった感想、よかったところを教えてください。

❸本書をお買い求めいただいた理由は何ですか?

●書店で見つけて　●知り合いから聞いて　●インターネットで見て
●新聞、雑誌広告を見て(新聞、雑誌名＝　)
●その他(　)

❹こんな本があったら絶対買うという本はどんなものでしょう?

❺最近読んでよかった本のタイトルを教えてください。

ご協力ありがとうございました。

郵便はがき

料金受取人払郵便

銀座局承認

9422

差出有効期間
2021年1月3日
まで

※切手を貼らずにお出しください

104-8790

627

東京都中央区銀座3-13-10

マガジンハウス
書籍編集部
愛読者係 行

ご住所	〒		
フリガナ		性別	男 ・ 女
お名前		年齢	歳
ご職業	1. 会社員(職種) 2. 自営業(職種) 3. 公務員(職種) 4. 学生(中 高 高専 大学 専門) 5. 主婦 6. その他( )		
電話		Eメールアドレス	

この度はご購読ありがとうございます。今後の出版物の参考とさせていただきますので、裏面のアンケートにお答えください。**抽選で毎月10名様に図書カード(1000円分)をお送りします。**当選の発表は発送をもって代えさせていただきます。

ご記入いただいたご住所、お名前、Eメールアドレスなどは書籍企画の参考、企画用アンケートの依頼、および商品情報の案内の目的にのみ使用するものとします。また、本書へのご感想に関しては、広告などに文面を掲載させていただく場合がございます。

に、すぐにたたみ始めます。たたんだ衣類は洗濯機のそばにきちんと重ねていきます。

スペースが足りなくなると、たたみ終わった分をクローゼットまで運び、また続きをしに戻ってきます。

洋服がクローゼットに収まって、視界から消えました。

視界から消えると、意識からも消え、潜在意識にある「やらなきゃいけないこと」リストからも消えたんです。きれいサッパリと。

これはちょっと鳥肌ものでした。


もちろん、この本を読んでいるみなさんが、このとおりする必要はありません。

あなたにはあなたに合ったやり方があるでしょう。

いったんソファの上にきれいになった洗濯物を積んでおくのもアリです。

寝る前にはかならずたたむように、自分を仕向ける工夫やしかけを考えたり試したりしてください。

たとえば、好きなテレビ番組を見ながら洗濯物をたたむというのも、気晴らしになっていいと思います。

反論その2「うちは、ダナさんの家のように、うまくはいかない」

お気持ち、わかります。「洗濯の日」という発想じたいにたじろいでおられるでしょう。読者のみなさん1人ひとりの月曜も1週間も、家族構成も生活環境も、わたしのそれらと同じではありません。それはわたしも承知しています。

このことについては、あとのパートでお話しするつもりです。

わたしの場合、フリーランスでものを書く仕事をしているので、平日はだいたい家にいます。だから月曜を洗濯の日に設定することができたのですね。

人によっては、もしかすると土曜を「洗濯の日」にしなければならないかもしれませんが、かといって、土曜をいつも同じように過ごすことはありません。その人にとっての土曜も、毎週きっと違った1日になるはずです。

わたしも月曜にいつも家にいるとはかぎりませんし、ときには、月曜の朝7時から夕方6時まで留守にすることもありますが、そんな日でも、この習慣をまるごと放り出してしまわず、なんとかやりくりして完了させます。

3回目か4回目の洗濯の日までには（洗濯の量が前よりぐっと落ち着いてきますので）、それほど無理がなくなります。


「翌日は朝から外出して、ずっと家にいない」とわかっている日曜の夜、わたしは寝る前に2ラウンド目の洗濯をスタートさせます。

そして翌朝、真っ先に洗濯機の中身を乾燥機に移し、次の分を洗濯機に入れます。するとがぜんやる気がわいてくるのです。

「この分まで乾燥機に移して、次の分を洗濯機に入れて。そうして出かけられたら、今日もこのタスクを完了よ！」と。


夕方、帰宅するとさっそく次の分の洗濯に取りかかります。

これで何ラウンド分になったか、おわかりですか？　5ラウンド分、だいたいわたしが毎週こなす量です。

こんなふうに洗濯の日と外出日が重なる週は、乾燥機から出しながら（全部を）たたむことまではできないかもしれません。それでも、衣類は全部洗ってあるのです。

もし、あなたがフルタイムの（在宅ではない）仕事をしていて、「土曜には買い物をしたり子どもたちとの時間をつくったり、ほかにもいろんなことをしなきゃいけないのに、1日じゅう洗濯するなんて！」とお怒りならば、わたしの「朝7時から夕方6時まで外出する月曜日」バージョンのようなやり方を試してみてはいかがでしょうか？　そうすれば、すきま時間で家族全員の洗濯を終わらせることができます。

また、近くにコインランドリーがあれば、それを活用するのも手です。ドラムが大きいので、一気にまとまった量を洗ってしまうことができますね。

「洗濯の日なんて自分に向いていない」と決めつける前に、ぜひ一度お試しを。

洗濯機の問題ではない

シーツはいつ洗いますか？　毛布やテーブルクロスやその他もろもろ、いつもの洗濯の日に洗えないものは？

毎週ちゃんとその週の分の洗濯が完了していると、いいことがあります。

1つには、6日間（くらい）は洗濯機が物理的にも心理的にもフリーだということ。

なので、金曜に家じゅうのシーツを交換して、2回に分けて洗うこともできます。「洗濯の日」の前の空っぽの洗濯機に、キッチンの汚れたタオル類をまとめて放り込むこともできます。

わたしも洗濯機もフリーだから、必要なときに必要なことができるというわけです。


最後に1つ申し上げておきましょう。

洗濯が苦手で、もしかしたら洗濯機を新しくすればもっとちゃんとできるんじゃないかとお考えのあなた。（たぶん）新しい洗濯機は必要ありません。

今ある洗濯機が動いているのなら、このプロジェクトは実行できるからです。

洗濯にまつわる問題を解決するのは、大容量の洗濯機でも、洗濯終了を知らせるメロディ音でもありません。

なによりも必要なのは「習慣」です。

どんなに便利な電化製品があっても、習慣なしではなにもいいことは起きません。

わたしも「脱ずぼら生活」始めました！

週１回の洗濯の日という考え方、とてもよかったです。これまでは、洗濯を最後まで終わらせることができませんでした。いつも行きあたりばったりで、失敗することのほうが多かったんです。今では、洗濯が全部終わっているから、ほかの家事にもかかりっきりにならずホッとしています。

――Ａさん

うちのリビングは、洗濯物に占領されていました。ダナさんの“洗濯の日”のことを聞いたとき、わたしには無理だと思ったのですが、思い切ってやってみました。今は、月曜が“洗濯の日”です。日曜の夜から始めて、火曜の午前中に終わります。ほかの日には洗濯のことを考えなくてよくなりました！　乾燥機から出したらすぐにたたんで仕分けもして、そのついでに、不要な衣類を処分します。
部屋のなかも見違えるほどになりました。なによりも、ずぼらなわたしにも無理なくできる方法があることがわかって、本当によかったです。

――匿名希望さん

晩ごはんも「大きなしくみ」で考える

幻想

料理に時間をかけることも、
手づくりするのも、
家族の大好物をテーブルに
並べることも主婦なら当然♡

現実

1回の食事の用意に
1時間かけられるのは、
年に3日くらい。
たいていキッチンにいられる
時間は30分もない。

「決めることの数」を減らす

ここまでで、基本的な日常の家事については、だいたいお話しできたと思いますが、いちばん大きなアレが残っていましたね。

毎日夕方5時になると、わたしをパニックにおとしいれかねないアレ。

それは、献立づくり。

もっと現実的に言えば、家族を飢えさせないための確実な手立て、です。

食事の用意は、ほとんどの人にとって1日3回。もし家族の食事が自分1人の肩にかかっているなら、これはとても大きなストレスになります。

もちろん世の中にはすでに「かんたんにつくれるレシピの本」「すぐにできる晩ごはんのアイデア本」などがたくさん出ていますが、わたしがこのパートでご紹介するのは、もっと根本的な、**個人的に試行錯誤して〝これがベストだ〟と思うポイント**だけです。

でも、ここまででみなさんおわかりのように、2、3のコツでずいぶん違ってくるのは家事全般に言えること。

まだ新婚だったころ、オットとわたしは1台の車でいっしょに通勤していました。ほとんど毎晩、帰り道に「晩ごはんは何にしようか」と相談したものです。

そして週に2回は、どこかに寄って外食していました。それにプラスして、週末の外食も少なくありませんでした。これなら家で料理をする手間がかからずラクちん。

だって夫婦2人きりだし、わたしもフルタイムで仕事してるし、それに贅沢しなければ外食するくらいのお金はあるんだし、別にいいんじゃない？

そう思ってはいたものの、ちょっぴり罪悪感がありました。

だから心のどこかで、いつの日か子どもができたら専業主婦になって、家族にごはんがつくれるようになったらいいな、と思ったものです。

「子どもができたら、食事はいつも手づくりよね、当然だわ」

「手づくりの料理に時間をかける〝ていねいな暮らし〟をしましょうね」

その後、実際に子どもが生まれました。それからどうなったかは、もうみなさんのご想像のとおりです。

わたしの理想のなかでは泣き声ひとつ上げなかった赤ん坊が、わたしがキッチンに入ったとたん、ギャン泣きします。

しばらくして、その子に弟ができると、今度は弟がギャン泣きしているあいだに、お兄ちゃんは戸棚から手当たりしだいにものを引っ張り出します。

だけど、部屋のホコリをはらうのは何週間かサボれても、食事の用意は、家族を餓死させないために、かならずしなければなりません……。

1 リストをつくる

ここでの目的は1つ。**その週のはじめに、献立を考えてしまう**のです。

まずリストを準備しましょう。

かわいいメモ帳を買うと気分が上がりますよ。

次の週に食べる料理を4つか5つ書き出します。

それから、ひとつひとつの料理に必要な材料をざっと考えます（きちんとつくりたいなら、料理本やネットで調べるといいでしょう。ちなみに、わたし自身はそういうレシピはあまり見ません。テキトーだからです）。

次に、冷蔵庫と冷凍庫と戸棚のなかを見て、何があって何がないかをチェックします。

そして買わなければならないものを書き出して、スーパーに向かいます。

スマートフォンを持っているなら、書き出したリストを冷蔵庫のドアに張って、それを写真に撮りましょう。

すると、リストは2カ所に保存されることになります。

冷蔵庫に張ったリストを見て、毎日、ごはんの準備を始められますし、スマホを見ながらお店で買い物ができるというわけです。

献立が決まっていれば、いちいち「今日、何つくろう？　冷蔵庫に何が残ってたっけ？」という問題解決の必要がありません。

そう、これも**「あらためて決心しない」**ことがポイントなのです。

必要な材料がそろっていれば、あれがない、これがないと、料理の途中で大騒ぎすることはありません。冷蔵庫を開けて、材料がないのに気づいてガックリすることもありません。

それに、経済的です。

スーパーマーケットを何気なく歩いていると、ついついわたしは「あ、これとこれでなにかつくれるかも」「あ、これ、安い」「これ買っとくと便利かも」などと思って、必要のないものまで買いすぎてしまいます。

お金のムダづかいですよね。こういう点でも買い物リストは大事です。

2 かしこく買い置きする

とはいえ、特売日に必需品を買いだめしておくのは有効です。

もちろん、いつも献立と買い物リストがあればなにも言うことはありませんが、現実には、毎週かならずその2つが準備できているとはかぎらないですよね？

わたしの場合、自分がしょっちゅう買うもののだいたいの値段は覚えておくようにしています。それからいつも行くスーパーマーケットの特売チラシをチェック。

よく買うもので、冷凍しておけるものや常温でも長持ちするものがお買い得だったら、2つ3つ余分に買っておきましょう。

たとえばわたしなら、冷凍の肉と、野菜と、戸棚に乾燥パスタがあれば、どんなにあわただしい週でもなんとかなります。

3 いつもの2〜3倍の量をつくる

「プロジェクト大好き人間」のわたしにとって、調理ずみや下ごしらえだけした食材をた

食事の準備は「しくみづくり」がすべて

くさん冷凍庫に入れておくのが理想でした。

週末に、1カ月分の食事を全部つくっておけたらどんなにいいだろう、と思ったこともあります。

あるときから、うちの定番メニュー（チキンのスープやホウレン草のラザニアなど）を一度に2倍の量つくることにしました。すると、なんと！　それだけでその週のごはんづくりがずいぶんラクになりました。

こうして、時間もエネルギーも使わずに手づくり料理をテーブルにさっと出せる快感を味わったわたしは、「毎日を快適にするために、もっとほかに冷凍保存しておけるものはないか？」と探しはじめました。

そもそもマルチタスクが苦手なわたし。鶏肉を焼いたり、ひき肉を炒めたり、ミートボールを丸めるとき、お肉を下ごしらえしないまま、ほかのものも同時につくるとなると、あわててフライパンやコンロを汚してしまいます。

このことを教訓に**「お肉は多めに調理して冷凍しておこう」**と思いました。

いつも調理ずみの鶏肉が冷凍庫にあれば、どんなときにも手早く夕食を用意できます。

ちなみに、わが家でいちばん時間がかかりがちなのが肉調理。肉はいつもドカンと買いだめして、一気に調理をすませておく1つの大きな理由です。

わたしのプロジェクト志向は「冷凍庫活用術」において、とても効果がありました。「食材を多めに調理して、冷凍でストックしておく」ということです。

イタリア料理に使う万能トマトソースをつくるときは、3倍の量をつくります。

お肉のローストなら、4回の食事がまかなえる大きさの肉でつくります。

ごはんを炊くときは、炊飯器の上限いっぱいまで炊いて冷凍しておきます。

〝ついでに〟つくる冷凍ものが、先々の時短に役立つので、ぜひお試しください。

わたしも「脱ずぼら生活」始めました！

週に２回は、スロークッカー（訳注：電気低温調理鍋）を使っています。煮込み料理をつくることが多いのですが、週末に肉をまとめて炒めて冷凍しておくようになりました。そうしておくと忙しい朝でも、材料を全部スロークッカーに入れておけば、夜にはできあがっています。とってラク！

—— Ａさん

月に一度、牛ひき肉や鶏むね肉をスロークッカーで大量に加熱して、（鶏むね肉は細かく切ってから）小袋に分けて冷凍しています。肉の解凍には時間がかからないし、毎日の夕食づくりの時短にとても効果的です。

—— Ｊさん

小さな習慣ができると見えてくるもの

幻想

まずは、家のなかをきれいに片づけないと。
そうしてから、毎日の習慣を始めよう。

現実

片づけ終わるまで待っていたら、
永遠に待つことになる。

なぜか時間に余裕ができる「ささいなコツ」

毎日かならず食器を洗うと、2日か3日おきに洗うよりはるかに短い時間ですむということは、もうおわかりですよね。これが「食器の算数」です。

この習慣が定着する前は、家じゅうを片づける時間などないと思っていました。それは、皿を1枚も洗わない日でも同じことでした。でも、たった15分たらずで1枚残らず皿を洗い終えた日に、ふと気がつきました。目に見えるタスクを1つクリアしたのだ、と。

そのうえ、1日はまだ始まったばかり。そして目に見えることを1つ成し遂げると、何かもっとできそうな気持ちになるから不思議です。

小さいけれど目に見えることを成し遂げると、なぜか「ずぼら視覚」がクリアになってきます。

そうだ、そうじをするには、まず、ものを片づけなくては。

キッチンに汚れた皿が山積みだったように、家のあちこちにものが散乱していたり、山積みになっていたり。

調理油の空き缶が2つ、まだ使っていない新しい缶の横に並んでいるのを発見。これさえなければカウンターは完璧にスッキリ。なので、即座に廃棄です。こうしてまた1つ、目に見えることが成し遂げられたことで、さらにやる気が出てきます。よし、戸棚のなかを片づけよう。まだ時間はある。

こんなふうに時間がとれるようになったのは、奇跡です。

しかも、奇跡は1つではありませんでした。日々の習慣をこなしていくうちに、何を処分したらいいか簡単に見分けられるようになり、「ものを捨てるときの不安」がなくなったのです。以前のわたしは、

「きれいな皿が1枚もないなんてことになったらどうしよう?」

「もし急な来客があって、そのときされいなグラスがないばかりに飲み物ひとつ出せなかったら?」

という思考回路にはまっていました。実際、きれいな皿が足りないという事態はかなりの頻度で起きました。

そんなわけで、まさかのときのために、皿もコップも多めに持っていないと不安。戸棚に入るかどうかはおかまいなしです。

そして実際に食器をすべて洗ってしまうと、入りきらないものでいっぱいでした。

結局は、毎日の習慣のおかげで現実が見えるようになったのです。こうして、わたしの「もしものシナリオ」も妄想にすぎないと自覚できました。


また、**日々の習慣がついていると「今日できたことは明日もできる」という自信につながります**。


「これからも毎日食器を洗うのだから、ため込まなくても、もう十分に食器はある」と、はじめて思えるようになったのです。

こう思い始めたとたん、ものが十分あるどころか、むしろ多すぎると痛感しました。

これも食器洗いの習慣が身についてからわかったのですが、わたしにも頻繁に使うお気に入りの皿と、まったく使っていない皿があったのです。

それまでは選択肢がなかったので、どの皿がお気に入りかわかっていませんでした！

ほとんど毎晩、夕食どきにきれいな皿を確実に用意できるという自信がつくと、不要な皿を処分することが簡単になりました。


いつもわたしが食洗機に入れる皿が、うちの家族の好きな皿

← 毎晩その皿を食洗機に入れるのは、毎晩その皿を使うから
← 毎晩その皿を使うのは、その皿がいつもきれいだから

こうしていいサイクルができ、ついに皿を買うのをやめました。

こうして使わない皿を処分して、新たに皿を買わないでいると、食器が少なくなるので、ますます片づけるのが簡単になりました。

戸棚がスッキリしたので出し入れがスムーズになり、押さえつけなくても扉がきれいに閉まります。予備の食器はもういりません。

この現象は、ほかにもいろいろな場所で起きました。

クローゼットに〝選択肢〟をつくる方法

以前のわたしには「衣類はクローゼットを圧迫しだしたら、捨てるべき」という意識が希薄でした。

衣類は役立つもの、絶対に必要なものだと信じていたからです。

食器洗いと同じく、「洗濯の日」が軌道に乗り出すと、わが家の衣類の実態がはじめてわかってきました。

この習慣を始める前には、家族がどれだけの服を持っているかも、どれだけ必要かもまったくわからず、ただ「いつも着る服が足りない。だから、もっと必要だ」と思っていたのです。当然、また買いました。皿洗いと同じ現象です。

もしみなさんも同じ感覚でいるようでしたら、この言葉を頭に刻んでください。

「洗濯の日が習慣になったら、衣類の処分が簡単になる!」

3回目の「洗濯の日」に、はたと気づいたことがあるのです。うちの子どもたちが、以前は考えられなかったことを経験していたのでした。「自分の服が全部きれいに洗われて、クローゼットのなかにそろっている」という経験です。

子どもたちは、生まれてはじめて「選択肢」を持ったわけです。

これは「好きな服を選べる選択肢」です。その服がまたきれいになると、すぐにまた同じ服を着られる。それが自分たちのお気に入りだから。

洗濯の日に、洗い終わった衣類を片づけていると、どの服が選ばれていないかハッキリとわかりました。

そのときはじめて、どの服が子どもたちのお気に入りで、どれが（ほかにないから）仕方なく着ていた服か見分けがついたのです。これで、服の処分がしやすくなりました。

この経験を通してわたしが知ったのは、どんなに品質がよくて着やすくてサイズがピッタリの服でも「ムダなもの」になってしまうこともあるということです。

持てば持つほど、それだけ無益なゴミをつくりだすことになるのだ、と。

これが、毎日の基本から始めてくださいと、わたしがくり返しお願いする理由です。「脱ずぼらプロジェクト」は、毎日の習慣をきちんとこなすことから始めてください。そうすることで日々のストレスが小さくなり、気持ちに余裕ができます。

そして、その習慣が身についたころに、必要なものと必要ではないものの区別がつき、さほど悩まなくても処分できるようになります。

さらに、いらないものを処分することで、ますます基本の習慣がラクに続けられるようになります。

わたしも「脱ずぼら生活」始めました！

洋服好きで、かわいい服を見ると買わずにはいられませんでした。でも、部屋に大きな洗濯物の山ができてしまうんですね。それで思いきって、4分の3くらいを手放しました。今は、洗濯物はあまりたまりませんし、毎週ちゃんと洗って片づけられます。やっと現実を受け入れられた感じ……。ただ、正直言うと、あのセーターは取っておけばよかったかな……というものもあります（笑）

――Pさん

主人とわたしは、ゴチャゴチャ詰まった食器棚の食器を1つ残らず使ってしまうまで、食器洗いをあと回しにする常習犯でした。そしてブツブツ言いながら（よくケンカもしていました）、山積みの食器を洗ったものです。
もちろん、1回では終わりません。余分な食器を処分し始めて気づいたのですが……食器の数が減ると、どの食器もいつもきれいにしておこうという意識になりますね。食器洗いも1時間もかけずに終わるようになりました。

――Sさん

「整理整とん」は忘れていい

幻想

このゴチャゴチャした部屋を
全部きれいに整理しなくちゃ。

現実

とにかくものが多すぎる。

新しい収納棚や箱は必要ナシ

片づけるものが多すぎて、どこから手をつけたらいいのかわからない。だから、「いつかやらなきゃ」と思いつついつまでも始められない――そんなときが、わたしにもありました。ダイジョウブですよ。

最初のステップは「ものを整理整とんしない」。

「整理整とんする！」は、この際、やるべきことリストからはずしましょう。

「ええっ⁉　この本は整理整とんの本じゃなかったの？」と驚かれたみなさん。

もちろん、わたしは「反・整理整とん」を主張しようと思っていません。でも、**どうしようもなく散らかった空間をどうにかするときのゴールは、「整理整とんすること」ではない**のです。

以前のわたしは何よりもまず「壮大なおそうじプロジェクト」に取りかかることを夢見ていましたから、「しっかり手順を分析して、まずは道具と収納を買いそろえよう。ビンも箱もカゴも大小いろいろあったら、きっと分類の役に立つわよね。そうすれば完璧に片づくし！」などと考えていました。

ところが買い物をすませて家に帰り着くころには、興奮はすっかり冷めていて、意欲のかけらも残っていません。新しいビンやら箱やら収納カゴは、とりあえず部屋の隅に置かれ、それっきり忘れ去られます。

「また今度、その気になったらやろう」と先に延ばすだけではなく、**なにも始めないうちからものを増やしていた**のです。

まさに「ずぼらあるある現象」。

ものをきれいに片づけるのは、問題を解決する行動です。問題を解決するのは（とりわけ、何度も何度も失敗をくり返すと）どんどんハードルが上がります。

わたしの場合、家じゅうをじっくり眺め、あれこれ分析し、いろいろと作戦を練りましたが、すべて失敗しました。

家のなかがスッキリと片づいた状態がずっと続く整理整とんの方法が、どこかにあるはず。なにがなんでもそれを見つけなくてはならない――こんなふうに、ずっとプレッシャーを感じていました。

脱ずぼらプロジェクトを始めて、自分がこれまで失敗していた方法は避けようと心に決め、最終目標は「きれいに整理整とんする」ことだろうと思いながらも、とりあえずそれまでとはやり方を変えてみました。

毎日の基本の習慣と同じように、できるだけ小さなことから始めたのです。

それは、**家にあるものを少しでも減らす**こと。

とにかくこの1点に集中しようと決めました。

わたしのガラクタの歴史

思い返せば、結婚してからものが増え続ける一方でした。

まず、オットとわたしが独身時代に（2人とも1人暮らしだったので）それぞれに買いそろえていた家財道具一式やもろもろの生活必需品。そのまま新居のマンションに運び込んだのです。プラス、大量にいただいた結婚祝いの贈り物。

そんなわけで、新居には「わたしが前から持っていたもの ＋ オットが前から持っていたもの＋2人の新しいもの」が詰め込まれており、たとえばトースターは3台もありました。

使わない2台も取っておいたのは、捨てる必要がないと思ったから。

捨てる必要がないと思ったのは、物置き専用の部屋が1つあったからです。

いつか一軒家を買うまで捨てずに取っておこう。なにかの役に立つかもしれないし。家を持って落ち着いてから、どれが必要かゆっくり決めればいい。今わざわざ急いで決める理由はなにもない、というのが当時の考えでした。

この考え方はあらゆる点で間違っています。今はそうハッキリとわかるのですが、当時は疑いの余地がないほど筋が通っていると思っていました。

「どうしてなにもかも取っておくの？」と聞かれれば、「どうして取っておかないの？」と聞き返していたでしょう。

今の家に引っ越したのはその2年後のこと。

そのとき、不要なものをたくさん処分しましたが、先々もしかすると使うかもしれないもの、つまり「可能性を秘めた」ものは残しておきました。

さらに悪いことに、当時、いいネットのフリマサイトを見つけたことで、近所のガレージセールで買ったものをネットで売ってはどうかと思いつきました。

一見して、この組み合わせはビックリするほど魅力的でした。

近所の人のガラクタを1ドル（約100円）以下で買って、それがうまくいけばフリマサイトで数百ドル（数万円）で売れたりするのですから、専業主婦にとってこんなにおいしいビジネスはありません。

わたしは、このネットのフリマサイトに夢中になり、家のひと部屋を「フリマ部屋」と名づけて、そこに買ったものをストックしていました。

でも、売るより買うペースのほうが速くて、家のなかがどんどんガラクタでいっぱいに。

その後、家族の人数も増え、子どもたちが大きくなるにつれて、家のなかがものであふれ返っていることにだんだん不安を感じ、暗い気持ちになってきました。

気がつくと、子ども部屋はオモチャでいっぱい。なのに、子どもたちはそのオモチャで遊ぶことはありません。遊ぶスペースがなかったのです。


そんなある日のこと、ガーデニング好きの母が子どもたち1人ひとりに観葉植物を持ってきてくれました。

水やりを忘れそうな子にはサボテンを、世話好きな子には、水をやりすぎても（すぐには）ダメにならない植物を、見栄っぱりの子には、青々とした葉っぱが広がる植物を。

子どもたちはおばあちゃんからのプレゼントに大喜びです。

母は愛車の小型ライトバンから組み立て式の棚を出して、家に運び入れました。その棚は3段式で、子どもたちの鉢植えをのせるのにピッタリのサイズ。

その棚には見覚えがありました。わたしが大学に入学したときに、1人暮らしのアパート用にと母と2人で買ったものでした。

そのあと、棚はわが家のガラクタ置き場になっていたので、1年くらい前に母にゆずったのでした。母が棚を組み立てるのを見ながら、思わずわたしは涙ぐみ、だんだん胸が苦しくなってきました。一度手放したものがまた家に戻ってきたのです。

また1つ棚が増える、とりわけ一度は手放した棚が戻ってきた。ガラクタで埋め尽くされていた棚。ものでいっぱいの狭い廊下を通り抜けるときに、ぶつかってひっくり返したこともある、あの棚。

どうして？　どうしてうちにはこんなにものがあふれ返っているんだろう？

子どもたちには、素朴で豊かな環境で、いい思い出をつくりながら育ってほしかった。

そんなふうに思っていたのに、どうして自分はいつまでたっても「ずぼらで片づけのできない」ママなんだろう？

なぜ、ガラクタで埋まった家で、自分の理想像からかけ離れた母親になってしまったんだろう？

重要なのは「1つでも、より少なく」

「脱ずぼらプロジェクト」のためにブログを始めたときは、ガラクタを処分することだけでは十分ではないと思っていました。

だけど、とにかく最初はいらないものをどんどん処分して、いずれ残ったものを整理整とんしようと考えたわけです。

でも実際には、ガラクタを処分するだけで、みるみる家じゅうが平和になり、見違えるようになりました。

いったい何が起こったのか——？

ある日、自分をもっとやる気にするために（つまり、ブログにアップするため）、息子たちの散らかった部屋を片づける様子を録画することにしました。

出かける前の短い時間で挑戦したので、とにかくまずは不要なものを処分しようと決めました。短時間では整理整とんまでは手が回らないと思ったのです。

実際、このとき動画の冒頭でわたしは「ごめんなさい。十分なことはできないと思うし、とても整理整とんまで行きつけないと思います」と謝っています。

だけど、不思議なことが起きました。取りのぞかれるべきものが取りのぞかれただけで、そのスペースがすっきりと見違えるようにきれいになったのです。

そう、ただ不要なものを処分するだけで十分でした。

きれいに角をそろえて並べたり、棚を整理したりすることまで思い悩まなくていい。

必要なのは単に**「ガラクタをゴミ箱に捨てることだけ」**なのです。

「整理整とんしなければ」という考えを手放すと、ス〜ッとプレッシャーから解放されるのではありませんか？

目標を「より少なく持つこと」にすると、目標達成のハードルが下がります。ある程度まとまった時間ができるまで「片づけプロジェクト」を先延ばしにしがちなわたしでも、たとえば、きつすぎて着なくなったTシャツを「リサイクルする箱」に放り込めば、3秒もかけずに目標を達成できるのです。

片づけが苦手なわたしでも、ものが少ない状態は維持できます。

家のなかのものをすべてどこにしまうかアレコレ悩まなくてもよく、絶対に必要ないものや、実際には使っていないものは処分するだけでいいからです。たしかに、完璧とまではいかないものの、ガラクタは少なくなりました。

ちなみに毎日の習慣の「5分間、床からものを拾い上げる」作業中には、ものの処分はしません。その5分間は、ものを拾って決まった場所にしまうだけです。

くれぐれも整理整とんしようとしないこと。

ずぼらさんにとって、「整理整とんされた状態を維持しよう」と言われると難しいのですが、「ものを減らした状態を維持しよう」と言われるのは、比較的抵抗がないと思います。

わたしも「脱ずぼら生活」始めました！

最近、キッチンの小さい家に引っ越しました。料理をかんたんにしてくれる便利グッズが異常に好きで、たくさん集めていましたので、これは痛い。
まずは、まずキッチンにあるもののうち、何が収まって、何が収まらないかチェック。そのあとで機能がダブるもの、壊れているもの、未開封のまま放置していたものをすべて処分しました。今は引っ越す前のキッチンより、ずっと快適です。

――Rさん

とにかく不要品を処分するだけ、という発想に救われました。“必要なくなれば、捨てる”という選択肢もアリなんですよね。長いあいだずっとほったらかしにしていた〈壊れた椅子を修理する〉というプロジェクトがあったのです。それを再開するために部品をすべて準備するよりも、自分の時間と興味の度合いをあらためて見直し、処分するほうがいいかも、と思えてきました。

――Sさん

「片づける」より「減らす」

幻想

まずはいちばん大変なことを
すませよう。それがすんだら、
勝手にどんどん
進むようになるよね？

現実

ものが多すぎて
どうにもならない。
まずは昼寝だ。

「感情が動かないもの」から始める

とりあえず、ゴミを探すことから始めましょう。ゴミなら誰でも処分できます。

しばらく前から、子どもたちの去年の学用品で積み上がった山が1つあるのに気づいていました。きっと、その山を崩すには、あるものをじっくり吟味《ぎんみ》し、もう一度使えるかどうか調べて判断し、仕分けしたり棚にしまったりすべきなのでは……？

でも、わたしの目標は「持っているものを減らす」ことなので、その中からゴミを探すことから始めます。

いったんスタートすると、たいてい山の中身はほとんど「決断不要」のものばかりだとわかってきます。

子どもの通学かばんの底に大量の丸まった紙、折れたえんぴつ、壊れたバインダー、使いきった絵の具のチューブ……全部ゴミです。

また、キッチンの戸棚には、いつも、少なくともスナック菓子の空き箱が3つ、それに小さじ1杯分も残っていない小麦粉の袋が1つは入っています。

こういうものもゴミ。これを捨てれば見た目も大違い。そして、さらにやる気がでてきます。

あまりにものが多すぎてショック状態のとき。

そんなときも、やはり簡単なものから始めましょう。まずは（手に取ったときに）なんの感情もわかないものを処分するのです。

落ち着いてゆっくり頭を振って、それから目を閉じましょう。そして目を開いたら、もう一度よく見ます。山全体ではなく、１つのものだけに意識を集中させます。

今すぐにすべきことは、手に取った１つのものを手放すこと。

１つ減らせば、散乱したものの山が少しだけ小さくなっています。さっきより気持ちもラクになりましたよね？

では、また１つ簡単なものを選びましょう。そして、それを思い切ってゴミ箱へ持っていきます。

この作業を山が小さくなくなるまでくり返します。

小さな〝ミスマッチ〟を探す

わが家のダイニングを例にして、（あくまでも1つの仮説として）聞いてくださいね。

この部屋が、目をおおいたくなるほどとんでもなく散らかってしまったとき。

まず、クリスマスの飾りつけ用品の詰まった、大きな緑色のケースが部屋の隅にあるのを発見。これなら簡単です。このケースは、ダイニングではなく物置にあったもの。

そのケースがダイニングにあったのは、3カ月前にクリスマスの飾りつけを全部外したあと、この入れ物だけはこのまま置いておいて、クリスマス柄のタオルを洗濯して、いっしょに入れておこうと考えたからです。

でも今はもう4月。これだけ長いあいだここにあると、まったく違和感がなくなってしまっていたということです。

さっそく、このケースを物置に運ぶと、見るからにダイニングは手のつけやすい状態になりました。

さて、ほかにはないでしょうか。

すると、「アマゾン」の空き箱が2個か3個、テーブルの上にあるのを発見。これもずいぶん長いあいだここにあったので、とっくにわたしの目には見えなくなっていました。

こうしてものが少しずつ減ると、問題がだんだん見えてくるようになるのですね。

最後に、椅子を全部、テーブルの下に押し込みます。すると、ピタリと入らないものがあるのに気づきます。このテーブルとマッチしない椅子は、去年からずっとここにありました。気づいた以上、その椅子は別のところへ持っていくしかありません。

これらをどかせば、ダイニングの雰囲気はガラリと変わります。

よし、なんだか前よりずっといい感じになってきました。ただひたすら迷う余地がない、簡単なものから片づけた結果です。

家のなかでは、変なところに変なものが紛れ込むものですよね。

見つけてはビックリするけれど、「どうしてこんなところに、こんなものがあるんだっけ?」といちいち思い出す必要はありません。ひたすら元の場所に戻すだけ。

どうですか? 簡単でしょう?

わたしも「脱ずぼら生活」始めました！

「まずは簡単なことから」というひと言で、わたしのすべての家事に対する見方が変わりました！　まず、スタートダッシュにはずみがつきます。それに、最後まで一気にやってしまう必要もありません。じつはこの考え方を、仕事の場でも適用しています。なにか簡単なことから始めて、１つずつ終わらせていくのがコツ。

――Rさん

今すぐに片づけなければならないけれど、どこからどう手をつけたらいいかわからないくらい散らかっているとき、「まずはゴミから」と自分に言い聞かせるようにしています。それでスムーズにいきます。これは、すごい効果！
明らかなゴミから始めて、だんだん勢いをつけていきます。

――Mさん

「簡単なことから始める」ということは、少なくとも何か１つは終わるということ。そして、「何か１つが終わる」ということは、何も終わらないよりずっといいこと。

――Lさん

「1つ入れて、1つ出す」収納棚のルール

幻想

素敵な収納を買ったら、ものがすっきり収まって、まるで雑誌にのっている部屋みたいになるのになあ。

現実

収納にものが全然収まらない。だから、また収納を買ってくるけど、どれもこれも雑誌にのっているのとは大違い。

収納をどうするか問題

以前、地元のコミュニティ・センターで、ある家事評論家の講演を聴いたことがあります。その日のテーマは「家事の段取り」。

講演が始まってからずっと「ふんふん、なるほどね」と思いながら聴いていましたが、話題が「散らかったもの」に移ったとき、急に話についていけなくなりました。

なにやら棚のスペースの話で「みなさんのおうちに見合う収納は、どんなものですか？」と言うのです。そして「ご自分の持っているものが、はたしてその収納スペースに見合うかどうか考えてみるべきです」と。

どうやらまわりで聞いている人たち全員が理解しているようでした。わたしにはチンプンカンプンなのに。

すると、今度は**「1つ入れて、1つ出すルール」**という耳慣れない言葉がこの家事評論家の女性の口から飛び出しました。まるでそれが当然かのように。

これもまたわたし以外の全員がすでに知っていたようで、まわりにはしきりにうなずく人ばかり。

ええっ？　それってどういうこと？

今のわたしにはわかるけれど、当時のわたしには理解できなかったこと。それは「ものを収納するのに、十分なスペースがないこともありうる」ということです。

じつを言うと、わたしは収納棚マニアでした。

よくフリーマーケットで「これこそは！」という完璧な棚を見つけては、たった10ドル（約1000円）で、「ガラクタ全部を収納しきれない問題」が解決する！　と思い即座に購入。

そして、いざ愛車の小型バンに載せようとしてハタと気づきます。棚を運んで帰るには車内のスペースが足りない、と。

オットに電話すると、いきなり深いため息が聞こえてきて「そんなもん、いったいどこに置くんだよ？」という返事。

ムッとしたわたしは「そんなもんだなんて、よく言うわ。これは棚なのよ。棚っていうのは、散らかったものを片づけてくれるの。棚が散らかったりするわけないの！」。

オットと2人でどうにかして家まで運ぶ算段をして、ガレージから（散らかりまくった）

家のなかへと、新しい棚を運び入れます。

そしてあたりを見回して「あれ？」と思いました。

「わたし、どこに置こうと思ってたんだっけ？」

まあ、いいか。いい置き場所が見つかるまで、しばらくガレージに置いておこう。いつかきっと、いい片づけ法をマスターしたら、この棚を買っておいてよかったって思うはずよ。なにはともあれ、10ドルの掘り出し物だもん！　いざというときにも、これで困らない――。


ところがある日、キッチンの片づけをしているうちに、不意にあの家事評論家の言っていたことがわかってきました。ようやくわたしにも「どうして、棚がどんなにたくさんあっても家が片づかないのか」が理解できたのです。

戸棚のなかの1段を「料理本の専用スペース」にしようと決めたとき。

冷蔵庫の上に無造作に積み上げていた料理本が、このままでは、いつなんのはずみで落ちてくるか気が気ではありません。でも、大量にあるので全部並べるには棚1段では足りません。1段だけを料理本に割り当てるつもりだったのに、さてどうしよう？

ずぼら脳が迷わず出す答えは、当然「収納棚を増やそう」ですよね！

「今でさえギリギリなキッチンに、さらに家具を追加する」という愚策。そうして新しい家を買うことを夢見て、狭苦しいキッチンで一生ガマンするのでしょう。いつになったら料理本が全部収まる、もっと大きな家を買えるかしら――？

でも、そういう考え方をしているからこそ、いつまでたっても片づかないのです。

「収納スペースに見合うもの」とは、まさに「棚のサイズが収納のリミット」という意味。棚のサイズによって、料理本を何冊持っていられるか決まるということ。

わたしがすべきことは、どの料理本を取っておく価値があるか決めること。

そして、そこから外れた本は処分することなのです……。

「1つ入れて、1つ出す」だけ

さっそく、料理本を「棚に入れておく価値があるかどうか」という観点で並べ始めました。まずはお気に入りの本から。順に最後まで並べていくと、何冊か手元に残りました。この分が、わたしのあまり気に入っていない本たちです。つまり、棚に見合わないもの。

じつは自分の持っている料理本のなかに、いちばんのお気に入りと、いちばんに処分してもいい本があると気づいたのはこれが初めてでした。

料理本ならだいたいなんでも好きで、いつか役に立つかも……なんて思ってしまいます。でも棚のサイズで自分の持っていられる冊数が決まるとわかった以上、**「好きの度合い」を確かめなければなりません。**幸い、いちばん好きな何冊かは簡単にわかりました。

ところが、しばらくすると、また違う問題が……。

棚に入らない料理本を片っ端から「処分するものの箱」に入れていくと……はずみで見つけてしまいました……もう1冊、すごく気に入っていた本を。

自分の片づけ能力をまったく信用していないわたしは、急に怖くなりました。

問題を解決したと思っても、なにかが（たいていは、そう思った直後に）起きて、激しく心を揺さぶります。


でもなぜか突然、あの評論家の女性が言っていた「1つ入れて、1つ出すルール」という言葉が浮かんできたのです。

念のためにご説明しておきますね。

みなさんがどんな家に住んでいようと、持ち物のいっさいを家のなかに置いておくのは無理、なおかつ、自分が使える収納スペースにはかぎりがあることを理解しましょう。**なにか新しいものを増やすときには、当然そのスペースを確保するためになにか古いものを手放さなければなりません。**

あくまでも、本当の意味での「空いたスペース」です。ものを無理やり押し込んでつくるスペースではありませんよ。

いつも新しくものを買ってきては、古いものをクローゼットに押し込んでいたわたしは、最初これが理解できませんでした。

引き出しが閉まらないと「その引き出しが悪いからだ」と思いました。

それに、置く場所がなくなったから「収納をまた買わなくちゃ」と考えました。

引き出しの大きさが収納のリミットだということを知らなかったからです。

でも、いったんこのルールがわかると、料理本であっても「1冊追加するには1冊取りのぞく必要がある」のです。

棚が取っておく本の冊数を決めてくれますから、わたしはただ自分が持っているもののなかから「もっとも気に入っていない」と思われる本を選ぶだけ。

「家のなかのスペースは、わたしの欲しいもの全部を入れておけるように、広がりはしない」のです。

棚と同じく、**どんな容器であっても、そのサイズが容量のリミット**です。

ある1つの容器が満杯になったら、そこまでが自分の保管できる量の限界だということです。

思い出を抱きしめて

ガラクタを処分するのが大変だったのは、ひとつひとつが個人的に意味のあるものだったということもあります。

思いがけずお買い得だったから買ったもの。誰かからのプレゼント。なにかすごくいいことを思いつき、あとで実行に移すために手に入れたもの、など——。

たとえば、いつかやってみたかった手芸の材料の数々。

キラキラのビーズ、かわいいレース、リボン、ボタン……。

ひとつひとつに思い入れがあって、いつも捨てるべきかどうすべきか、クヨクヨ思い悩んでいました。

収納棚のルール

見る目が変わったのは「容器の持つ意味」を理解してからでした。

これを、どうしても取っておきたいくらい大好き？

それとも、処分してもいい？

「容器のリミット」の意味がわかってからは、あまりクヨクヨせずに捨てることができるようになりました。

「容器に収まるかどうか」、「好きの度合い」に沿って優先順位をつけるだけでいいのです。


この「1つ入れて、1つ出すルール」を身につけたわたしは、ほかのすべての場面に適用しはじめました。

容器によって取っておけるビーズの数が決まり、棚によって持てる収納箱の数が決まり、部屋のサイズによって置ける棚の数が決まります。

要するに、片づけにまつわる問題を解決するのは、もう1つ新しい箱を見つけることでも、新しい棚を取りつけることでも、新しい部屋を増築することでも、新しい家を買うことでもありません。

今住んでいる家を、自分の持っている1つの収納箱と見なすこと。その**リミットを無視して、ものを詰め込んではならない**ということです。

引き出しやクローゼットのサイズが、自分の持てる衣類の数を決めてくれます。寝室のサイズが、引き出しとクローゼットの数を決めてくれます。家が、どこを寝室にするかを決めてくれます。

そしてわたしはもうこれ以上、衣類を置いておくスペースを確保するために、キッチンの一部分を犠牲にするつもりはありません。

わたしも「脱ずぼら生活」始めました！

スペースがなくなると、わたしはいつも箱やバスケットや棚など、別の保管場所が必要だと考えていました。“容器の持つ意味”を知って、わたしの生活は一変！　もし今ある収納に収まらないものがあるなら、それは処分の時期が来たというサイン。おかげで衝動買いはグッと減りました。買う前に「どの収納に入れるつもり？　今、これを置くスペースはある？」と自問自答するからです。

——Mさん

娘が部屋を模様替えするのを手伝いました。まず用意したのは、ふたつきのプラスチックの収納ケース。このふたが閉まらないときには娘に中身を吟味させます。次に用意したのは、ぬいぐるみを全部入れておく戸棚。扉が閉まらなければ、その分、ぬいぐるみたちを手放します。

娘は不思議なことに「もっと欲しい」と言わなくなり、お小遣いをムダ遣いすることもなくなりました。作戦大成功です。

——Cさん

「ガラクタの境界線」を見つける

幻想

どうしても、これが必要。今すぐではないけど、持っていてよかったって思うはず。

現実

これを素敵に活用したいけど、ムリ。家のなかがメチャクチャだから、必要なときに見つからない。

あこがれた住まい

何が「ガラクタ」で、何がそうでないかは、もちろん人によって違います。

お隣の女性は、窓際に貝殻をアートっぽく飾っていてとても素敵。

なのに、どうしてわたしがやると、ヒトデの親子が本棚で死んでしまっただけのように見えるのでしょう?

画材を無造作に収納した戸棚も、彼女がやるとおしゃれで芸術的なのに、わたしのほうは書き散らかした汚い紙クズ、折れたクレヨンやカピカピに乾ききった絵筆の山。

いったいなぜ、こうなってしまうのか……(涙)。


その理由はわたしと彼女の「ガラクタの境界線」の違いにあります。

同じものを持っていても、彼女は整然とした状態を保ち続け、わたしのほうはガラクタの山になってしまう。

「ガラクタの境界線」は1つの分岐点のようなもので、そこを越えると、自分の持っているものが手に負えなくなり、最終的にガラクタになってしまうのです。このラインはそれぞれ人によって違います。

大学時代に、ある友人の家に1週間滞在したときのこと。

彼女の家族とわたしの趣味はぴったり同じで、おうちのなかにわたし好みのインテリアがたくさんありました。

「なんて素敵なの！」

世界じゅうから集めた珍しいものがいっぱい並べてある棚。すべてが芸術的センスの光るディスプレイ。アンティークのおもちゃ、科学研究の道具、色あせた古文書など。わたしにとってまさに理想のコレクションの家です。

ところが、ものをたくさん集めるのに抜群の力量を発揮するわたしでも、それを並べて飾るセンスがゼロ。

このことを痛いほど思い知ったのは、じつを言うと、はじめて1戸建ての家に引っ越してからでした（学生時代に1人暮らししていたときや、新婚当時に借家住まいだったときも、このことに気づいていませんでした！）。

買ってきたかわいい小物をいい感じに棚に並べても、1週間もしないうちにごちゃごちゃと雑多なものと混ざり始めます。

それでもこりずに集め続けるわたし。

そうした大量のものが棚や袋や箱に増え続け、山積みになっていきますが、いつかきっとセンスよく飾れるようになると信じていました。


一方、わが家の惨状にほとほと嫌気がさしていたころ、別の友人の家を訪れる機会がありました。

リビングルームに入ったとたん、壁にかけてあった大きな織物をひと目見て、大感激。

「わあ、素敵！　これ、どうしたの？」と思わず口にすると、彼女はどれほどの時間とエネルギーをかけて織物を選ぶにいたったか詳しく話してくれました。

柄や色合いにとことんこだわった彼女は、あちこち探し回って選んだそうです。

彼女の家はすっきりとおしゃれで、それでいて温かい雰囲気。壁の織物が家にぴったりと合っていました。わたしのスタイルとはちょっと違うけれど、彼女が自分らしいスタイルを持っていることが、とてもうらやましく思えました。

真っ白な壁を、自分が選び抜いた1点で飾るいさぎよさ。

わたしなら、「いつか飾ろう」とあちこちで買い集めたものでクローゼットをぎゅうぎゅうにしていたでしょう。それに、クローゼットも部屋も、将来使う可能性のあるものでいっぱいにしながら、うちの壁にはなにひとつ飾っていません（そもそも飾るようなスペースがないのが実情です）。

ものを減らすと見えてくるもの

「脱ずぼらプロジェクト」を実践するなかで、不用品を処分してものを減らしていくだけで、家のなかのまともな状態が以前より長く続いていることに気づきました。

しかも、**維持するための努力が以前ほど必要なくなる**のです。

これまでの「ずぼら問題」の大部分は、わたしが自分自身の「ガラクタの境界線」を越えて生活していたことにあったのです。

そういう境界線があることじたいに気づいていなかったのですが。

わたしの友人の例を先に2つほどご紹介しました。

1つ目の「コレクションをたくさん持っているおうち」は、高度な「ガラクタの境界線」

の運用能力を持っています。

彼らはたくさんのものをあつかうことも、整然と保管することにも手なれています。家のなかにものが持ち込まれると、すぐにどこに置いておけばいいかわかる人たちです。

さらにもう1人、素敵な織物を飾っている友だちの「ガラクタ境界線」は、非常に明確でシンプルです。置き場所を考えもしないでものを持ち込むことなどありません。

かたや、わたしの境界線は非常にあいまいです。しかも、それを自覚していません。何がガラクタで何がそうでないかわからない。そのうえ、何をどこに置けばいいかも決まっていない。その結果、ものをどんどん家に持ち込み、そのたびにガラクタ化させていきます。

この世に「どんなものも収まる魔法の場所」は存在しないのです。わたし自身、なんとか全部入らないかと、家のあらゆるところに無理やり押し込んだりしていました。

束の間、努力の結果に満足できるときもあります。だけど、すぐについさっき押し込んだものの1つが必要になり、それを探してそこらじゅうを引っかき回すうちに、家のなかはまたもぐちゃぐちゃに……。

とにかく今は、いらないものを家から運び出すことに集中しましょう。

そのとき、ガラクタの本当の定義を理解しておきましょう。

そう、**「今ある入れ物に入らないものすべて」「自分がちゃんと使えるように保管しておけないものすべて」**ですよね？

自分にこう問いかけましょう。

「これ、わたしにあつかえるものかな？」

くれぐれも**「これ、取っておくべきかな？」と聞かないで**くださいね。

少しずつ「ものを少なくすること」を体験するにつれて、「ものが収まるべき場所」がゆっくりと見えてくるはずです。

「まともさん」ならこう考える

たとえば家に人を呼ぶとなれば、準備の第1ステップは散乱したものの片づけです。

でもじつは、片づけていると思い込んでいただけで、本当はただものをごっそり移し替えているだけということはよくあります。

以前のずぼらのわたしだったら散乱しているものの山のいちばん上の層（きちんとした

置き場所がどこにもないもの）は、寝室に運び入れていました。寝室はカギをかけておけるので、来客が間違えて入ってくることはありませんからね。

問題が起きるのは、お客さんが帰ったあとです。

どうしてこのまま片づいた状態をキープできないのか不思議なのですが、2つに1つの選択をしなければなりません。

寝室を物入れスペースとして使い続けるか、大そうじしたリビングに、またもとのガラクタを戻すか。

たいていはどちらも選べず、なんとなくリビングも寝室も、ものが混ざり合った状態になってしまいます。

寝室にガラクタが置きっぱなしなうえに、少しずつこまごまとしたものが家のあちこちに持ち出され、結局は家じゅうが散らかっているのでした。

ガラクタを、単に別の部屋にテレポーテーションさせることはやめましょう。

解決策はただ1つ、「ものを減らすこと」ですよ。

ちなみにふだん、わたしはずぼらさんでない人のことを、親しみを込めて「まともさん」と呼んでいます。

個性的な帽子
あつかえるもの??
健康器具
一軍じゃない調理器具
ハイヒール

誰にでもちょっとまともではないところがあるのがふつうですし、それに、まともすぎると、だいたい「楽しくてワクワクする」の真逆になることが多い。

しかし、われわれ「ずぼらさん」には、「まともさん」に学ぶべきところが多いのも確かです。彼・彼女らはどうやって家を片づいた状態にしているのでしょう?

ずぼらさんはよく「どうして、取っておかないの?」と問いますが、まともさんはごく自然に「どうして、取っておかなきゃいけないの?」と問いかけます。

こうして「まともさん」は自分の「ガラクタの境界線」を守り、自分のまわりにガラクタが入ってこないように生活しているのです。

収納スペースの落とし穴

わたしのようなずぼらさんには、多かれ少なかれ惨状は起きるものです。でも、その程度と頻度が前より低くなれば、それはとても大きな進歩です。

ガラクタの処分が進んで、自分にあつかえるだけのものを持っている状態になると、惨状からの回復は「ものをしまう」作業に移行します。

ええ、本当に「しまう」だけ。

これは**「すべてのものに、その収まる場所が1つ決まっている」**ということを意味します。


以前のわたしが、よく使っていた言い訳は「収納スペースがないの」でした。

わが家のぐちゃぐちゃは、ほかでもない、大きいクローゼットや物置がないことが招くのだと考えていました。

ようやく取っておけるものには限度があることを理解したものの、残しておく必要のあるもの（たとえば、包装紙や季節はずれの衣類など）をしまう場所が足りないことをうらんでいました。

こういう雑多なものは、相変わらず寝室やリビングの隅に置くしかなく、それがほかの散らかったものとだんだん溶け合って見慣れた光景になるのでした。

これではまったく問題解決にならず、ようやく「1つ入れて、1つ出すルール」に行きついたのは、先に述べました。

たとえば、ある戸棚が目に入ります。なかにものがいっぱい詰まっているのは知っていますが、ここでもし中身が何かをサッと思い出せないなら、相当長いあいだ使っていないということです。

戸棚を開いてみます。案の上、ゴチャゴチャとわけのわからないものを見つけたら、それらのたいていは処分してよいものです。

今の家で暮らし始めてから最初の3年間、「フリマ部屋」をつくっていたことはパート14で触れました。当時の部屋の状態を思い出すと、今でもうんざりします。

床一面に、足の踏み場もないほどものが置いてあり、部屋の奥3分の1を占めていたのは、衣類をぎっしり積んだ2段式吊り棚でした。

不要なものを本気で処分し始め、そして、フリマで売るガラクタを仕入れるのをやめると、不思議なことに家が大きくなったのです。本当にそう感じました。

どんなにがんばっても家のなかがものであふれているとしたら、みなさんは「もっと大きな家があればなあ」と考えたりしませんか？

わたしはします。

でも、引っ越さないでも、あっさりその夢はかないました。

わたしも「脱ずぼら生活」始めました！

自分の考え方が微妙に変わってきたのに気づいたのは、いつも使っている歯磨き粉が特売になっているのを見つけたとき。家にまだ１つか２つ買い置きがあったのを思い出し、買うのをやめたのです。あとで割高のお値段で買うことになるかもしれないけれど、今安いからといって買いだめして、それをしまっておく場所を探すのはやめました。ほんのささいなことですが、わたしにとっては希望が持てる１歩です。

——Mさん

わたしが実践しているのは、ものの置き場所を決めること。置き場所が決まっていないものは、ほかのものと混ざり合ってしまうから、そのために散らかるんだと気がつきました。

——Bさん

やる気は「見えるところから」

幻想

ぐちゃぐちゃの物置の
ガラクタを処分。
これで一気にドーンと前進よ。

現実

物置を久しぶりに開けて、
徹底的に片づけた。
だけど、まる1日かけて
がんばったわりには、
その結果が見えない。

燃え上がれ！「片づけのエネルギー」

もういいかげん、片づけよう！　こう思ったらいても立ってもいられません。メラメラと燃え上がる「片づけのエネルギー」を原動力に、すぐに行動に移し、ぐったり疲れるまでがんばります。

なのに、片づけ終わると「ちっとも部屋のなかの風景が変わらないじゃない？」と思うのでした。

そのたびに「どんなにがんばっても意味がない」とか「やってもなにも変わらない」またはズバリ「どうせ私なんか……」という達成感とは真逆の悲観的な思い、ひねくれた気持ちがつのるのでした。

絶望的なスパイラルを断ち切ることができたのは、「見えるものから優先しよう」というルールをつくったときです。

わたしのような人間は片づけのエネルギーに駆られると、なによりもまず物置から取りかかろうとします。そこが一番ぐちゃぐちゃだから。

いちばんひどそうなスペースにエネルギーをかけるのは、理屈に合っていそうに思えます。これを続けていけば、家はきれいになっていくはず。ですよね？

ですが！　実際の展開はこううまくはいきません。

まず、**物置の片づけから手をつけるのは大きな間違い**です。

そこはわたしが無理やり詰め込んだものでいっぱいだから。なぜ詰め込んだかというと、家のなかに決まった置き場所がないから。家のなかに決まった置き場所がないのは、それがわたしにとって必要かどうかハッキリしないから。

というわけで、行き場所のあいまいなものを片づける作業は、最初から最後まで決断の連続ということになります。

決断のストレスは、わたしをヘトヘトにし、作業が終わるころにはエネルギーのかけらも残っていません。

ぐったりしたわたしは、物置のドアを閉めます。振り向くと、見えるのは前と変わらない散らかった部屋。必死にがんばった「形跡」は、ドアの向こうに隠れてしまいました。

翌日は片づけのことなどまったく頭に浮かばず、家じゅうを片づけようという決意さえ忘れているのです。思い出すきっかけさえありません。

こうして、わたしの「ずぼら視覚」はもとのまま。ガラクタに囲まれても気づかず、ごく平凡な1日を過ごすわけです——相変わらず散らかった家で。

「見えるものから優先」ルール

というわけで、ここから導き出されるルールは**「片づけのエネルギーがわいてきたら、目に見えるところから始めよう」**ということ。

立ち止まってあたりを見回します。そして自分の脳に、見わたせる範囲のどこにものが積み上がっているかを確認させます。

かならず意識的に（ときには声にも出して）、この「ルール」を自分に刷り込まなければなりません。あまりにも見慣れてしまっているために、ガラクタをまったく認識できないこともあるからです。

玄関に立ち、そこからお客さん目線で家のなかを眺めます。すると突然、見えました。靴箱の上に、郵便物が無造作に積んであります。

郵便物、これは無視できません。まっさきに処分を優先します。

それにキッチンカウンターの上の、ほとんど空っぽになったポテトチップスの袋、テーブルにもう耳しか残っていない食パンの袋。リビングのリクライニングチェアに「一時的に」のせた洗濯物の山。


さて「ルール」に従って片づけを進めていくと、奇跡が起こります。

たとえば、ダイニングのテーブルにあったものを片づけてしまうと、なんとテーブルがすっきりするのです（当然ですが……）。

テーブルのそばを通るたびに、うれしくて、にんまりしてしまいます。

「もっとやろうかな」という気持ちにさえなります。

この**「見える化」がめちゃくちゃ重要**です。

そのうえ、すっきりと片づいたテーブルで家族が晩ごはんを食べられます。

するとさらにうれしくなります。ああ、やってよかった。がんばったかいがあった。

この小さなエネルギーを大切にしてください。

ちりも積もれば山となる。「見えるものから優先」のルールを心に留めておくと、きっと見違えるほどきれいになりますよ。

わたしも「脱ずぼら生活」始めました！

“見えるものから優先”ルールをはじめて知ったとき、なんだかホッとして胸のつかえがおりたような気持ちになりました。“うわべ”だけでもきれいになれば、それだけ満足できます。実際にはまだまだ整理しなければならないところがあるものの、それでもとにかく、前の状態に比べたらずっといいからです！

――Rさん

迷ったときの「2つの質問」

幻想

わたしだって、
どれを取っておいて、
どれを捨てるべきか
くらいわかるわよ。

現実

とにかくものが多すぎる。
そのほとんどがゴミ。

何を基準に手放せばいいのか

みなさんも心を新たに、見えるところの片づけに取り組み始めていることでしょう。

「まずは見えるものから優先」というのは鉄則ですよ。

「よーし、前とは全然違う。やり方しだいでこうも変わるものなのね」という気づきを得て、片づけを着々と進めていきます。

でも、やがて、思わず手を止めて考え込んでしまうかもしれません。

そんなことがわたしには何度もありました。片づけでいちばんストレスを感じるのは、捨てるべきか、取っておくべきかどうしていいか決められないものに出くわしたときです。

こういうときに、よくお片づけにまつわる本では「自分に質問をしてください」と書いてあります。

ある片づけの達人によると、迷わず捨てるか捨てないか決めるために、8～10個の質問を自分自身に投げかければいいのだそうです。

おばあちゃんが愛用していた文箱《ふばこ》？　たぶん計10問は答えないと決まらないでしょうね。

暗いところで光るブレスレット？　これは、そんなに悩まなくても決まるでしょ？　でも、本当にそう？　ほかの人にとっては取るに足りないものでも、自分のものだと思い出が詰まっていて捨てられないとか？

わたし自身について言えば、とにかくものを持ちすぎていました――10の質問をつくる人には想像できないほどの量を。

ひとつひとつのものについて質問に答える時間もエネルギーも、はっきり言ってありません。それに、ものに対する愛着や思い入れについて考え始めると――、わたしは想像力がありすぎるゆえに、次々にいろいろな方向へ思いが飛んでいきます。

「このブレスレットは、自分を幸せな気分にしてくれる？」と問えば、

「そうね、あらためて聞かれれば、たしかに幸せな気分になる」と思い、

そこからずっととりとめのない物思いにふけってしまいます。

いつ手に入れたんだっけ？

フリマでだったかな。

子どもたちも気に入っていた。
はじめてつけたときに、みんなからユニークだとほめられたなあ。
そういえばあのとき、ママ友の○○さんが……
こういう感じでどんどん展開してよけいに決められなくなります。

「まともさん」なら最初から絶対に取っておかないものも含めて、わたしはバカバカしいくらいのこまごまとしたものを持っています。それをひとつひとつ手に取って選別するのは無理な話。

なので、自分自身に問いかけるべきシンプルな「2つの質問」を編み出しました。
この2問で、どんなときも大丈夫!
そして1問目で答えが出れば、2問目を問いかける必要はありません。

質問1「これが必要になったとき、自分は最初にどこを探すだろうか?」

これは、ものの用途や価値を考える質問ではありません。

「どこを探すべきか」ではなく、自分なら「どこを探すだろうか」と問うのが重要なポイントです。

あくまでも直感で。

「今日、もし安全ピンが必要になったら、わたしは最初にどこを探すだろう？」と。

最初にわたしが探すであろうところが、安全ピンの正しい置き場所です。

「ここかなあ？」「ここよりもっといい場所があるんじゃない？」とか「片づけ上手な人だったら、絶対にこんなところには置かないな」などと考えなくてよいです。

ほぼ間違いなく、片づけ上手な人は裁縫箱に安全ピンをしまっておくでしょうが、根がずぼらのわたしには関係ありません。

じつは、裁縫箱を1つ持っていますが、わたしは裁縫をしません。縫い物をしないわたしが、安全ピンを探して裁縫箱を開けようとは思わないはず。

わたしならガラクタ入れの引き出しを開けてみるでしょう。

安全ピンが必要になったときに最初に探すのは、きっとここです。

ですから、わが家の安全ピンの置き場所は「ガラクタ入れの引き出し」。

「どこへ置くべきか」なんて、じっくり考える必要はありません。

「わたしならどこを探すかな？」

「ガラクタ入れの引き出し！」となったら、そこにしまえばいいだけ。

そうすれば実際に探すとき、ちゃんと「ここかな？」と思った場所で見つかります！

さて、この質問には第2のアクションがあります。これは質問ではありませんが、とても大事なことです。

「今すぐ、安全ピンをそこに持っていってしまおう」


自分の直感に従って、収納しておく場所が決まったら、すぐにそこに持っていくこと！

質問2「なにか必要になったとき、とっさに『それは家にある』と思えるだろうか？」

これはちょっと〝ひねった質問〟です。

どういうことかと言いますと、「今わたしが手にしているものが家にあるのはわかったけど、さっき見つけたとき、ちょっとびっくりしなかったっけ？」ということなのです。

もしある製品が、「家にある」と思っていなかったら、きっとわたしは、1つ買いに出かけるでしょうね。そうして家に戻れば、結局2つ持つことになります。

こうしてよけいなスペースを取るわけです。

Q1

わたしならどこを探すかな？

Q2

これが必要になったとき、
とっさに「家にある」と思えるか？

2つ目の質問に対する答えが「ノー」なら、わたしは迷わず手放します。

自分が気を留めておこうという意識がないものは、そもそも意味がありません。


ここで、わたしのなかの倹約気質が頭をもたげます。自分が処分したものに、もう一度お金を払うことほど、バカバカしいことはないんじゃない？

それに、暗いところで光るブレスレットですが、後日、ブレスレットを処分したことを後悔する日が来るかもしれません。ふと思い出して、「あー、あれ、前に持っていたなあ」とさみしくなるかも――引き出しの奥に突っ込んであったときは、一瞬たりとも思い出さなかったのに。

こういう後悔に、どう対処すればいい？

わたしの結論は「乗り越えるしかない」ということ。心が痛むかもしれないけれど、人生にちょっとした後悔はつきものです。次に進みましょう。人生はまだまだこれからなのだから。

ちなみにこの光るブレスレットは3ドル（約300円）でした。

もし6週間後にまた必要になったとしても、**それまでの6週間を片づいた家で過ごせたことを思えば、3ドルは惜しくない**とわたしは考えます。

わたしも「脱ずぼら生活」始めました！

この２カ月ほど「２つの質問」を活用中。「最初にどこを探すだろう？」という質問のおかげで、夫もわたしも見つけられる場所にしまうようになりました。
それまでは「あれ、どこにあったっけ？」と何度も探しまわっていたものですが、今ではずいぶん簡単に見つかります。もののありかを夫が聞いてくることもなくなりました。

――Mさん

「ごきげんな感じ」をキープする方法

幻想

片づけるにはまず全部を
引っ張り出して、
それから必要なものだけを
戻すといい。

現実

なんでも途中で
やめてしまうので、
引っ張り出したものが
床一面に広がって、
いよいよ収拾がつかなくなる。

「あとで」を禁句にする

「片づけようとするたびに、前よりもっと散らかしてしまう！」

これは「脱ずぼらプロジェクト」に取り組む人たちが抱える「あるある」です。こう思うのは、あなただけではありません。ご安心ください。

じゃあ、前よりもっと散らかさずに片づけることは可能なのか？

はい、可能です。

ちょうど前のパートでご紹介した、「質問1の答えが出たら、今すぐ、しまっておく場所に持っていこう」を実行すればいいのです。

「(収納スペースに持っていくのは) あとでやろうっと」はナシ。

絶っっっ対に自分に「あとで」を許してはなりません。どんなときにも「あとで」はないものとして作業してください。

わたしが集中できる時間と、片づけに使える時間と、散乱したものをどれだけ気にかけられるか――こういう要素いっさいを考えに入れれば、「あとでランド」にわたしが住めないのはハッキリしています。

だから、そんな「妄想の国」をあてにはできません。

ひとえに、**片づけようとしているのに前以上に散らかってしまうのは、「あとで」に依存した片づけ方をするから**です。

ということで、片づけプロジェクトのスタートです。そのために用意するのは……

1　ゴミ袋
2　まるごと「寄付する／売る／リサイクルする」箱
3　「すぐに自分で運ぶ」という意思と行動力

ゴミ袋

片づけを進めているときは、すぐ手元にゴミ袋を置いて、どんどんそのなかに放り込んでいきましょう。

もし、お住いの地域にリサイクルセンターなどがあり、そのシステムが完備されていたら、指定のリサイクル容器も用意するといいでしょう。

まるごと「寄付する／売る／リサイクルする」箱

子ども服やおもちゃ、日用品などは、地域の公的機関やNPO団体など、さまざまな組織が寄付を受けつけているので、ものを手放したい人はフル活用してください。

また、近所に不用品を買い取ってくれるリサイクルショップがあればそこに持ち込むのも1つの方法。インターネットでも買い取りサービスを利用できる会社がたくさんあります。

キーワードは「まるごと」です。

ダンボールでOK。おしゃれな箱である必要はありません。かわいい箱だと、むしろもったいなくて取っておきたくなるので危険です。

片づけプロジェクトが、どれだけ終わりのない作業に思えるか、みなさんはもうご存じですよね？　わたしたち「ずぼらさん」の目標は、その「終わりのない感覚」を一掃することにあります。

片づけるときの質問2「必要になったとき、とっさに『それは家にある』と思えるだろうか？」に対して「ノー」と答えたら、もうそのアイテムについては終了。

なぜならこの箱のなかに放り込むからです。

もう二度と触ることも考え直すこともありません。

一方、仮の入れ物にとりあえず入れると、いざ手放そうとなったときに、また取りだして吟味《ぎんみ》しなければなりません。これが、わたしみたいな人間にとっては、最悪の事態をもたらすことになります。

先延ばしできることならなんでも先に延ばしたいわたしのこと、一瞬のためらいもなく「これも入れておこう。どうせあとで移し替えるし。最終決断は、そのときすればいい」と思って放置するのは目に見えています。

「ほぼ手放すことを決断ずみだけど、完全には決心がついていない」そのモヤモヤとともに決断を先延ばしにすることになります。

これから**この箱は、発車するバスのように、もう二度と扉を開けて待ってくれないと考えましょう。**

箱ごと手放せないと「先延ばしの温床」になるだけなのです。

「自分で運ぶ」という意思と行動力

さあ、持っているものの行き場が決まったら行動するのみ。足を使って、「それを今すぐ、そこに持っていく」のです。

わたしの以前の片づけ方はこんな感じでした。

「えーと、これは寝室行きね。だったら、ここに一山《ひとやま》つくろう。こっちはリビング行きだから、別の山を1個。この工具は全部まとめて物置へ。ということで、山をもう1個ここにつくろう」

6つの山をつくったところで、なにか別の用事で気をとられます。

こうして片づけの場から離れ……結局、二度と戻ってきません。

まあ、一応は戻ってきますが、2時間後だったり、2日後だったり、ときには2カ月後になることもありました。

ですから、わたしたち「ずぼらさん」は、まず「これが必要になったとき、自分は最初にどこを探すだろうか？」という質問に答えて、そのつどあるべき場所に持っていきましょう。

このやり方ですと、一度に片づけられるものの数は少ないかもしれませんが、とにかくプロジェクトは前進します。

「ものが減る」イコール「片づけの前進」です。

「先延ばしグセ」を解決する方法

さて、片づける前に用意するものリストに「とりあえず箱」は入っていませんね。判断に迷ったものを〝とりあえず保管しておく〟ための「とりあえず箱」はまるっきり役に立たないからです。

とても便利で、床の上にゴチャゴチャとした山ができるのを防いでくれそうですが、ずぼらさんの国では「先延ばしの箱」に化けます。そしてわが家の物置は、こういう箱でいっぱいです。

とにかく「2つの質問」に答えることができれば、「とりあえず箱」はいりません。**「とりあえず」も「あとで」もなく、「この場で」完了させましょう。**

ここでよくある疑問にお答えします。ブログの読者からこんな質問をいくつもいただきました。

「だけど、別の片づけ作業が発生したときは、どうすればいいのですか？『それを今すぐ、そこに持っていく』まではいいけど、持っていった先の散らかりようがどうしようもない状態で、その場でさらに片づけなくてはいけなくなったら？」

わが家だって、どこもかしこも散らかっていましたから、お気持ちはよくわかります。

でも、わたし自身、片づけが上手になるほど、見えてきたことがあります。

それは、**「なにがなんでも完璧に片づいた家にしなければならない」と自分を追い込むのは逆効果**だということ。

一度に〝たくさん〟ではなく、〝ほんの小さなスペース〟に集中し、見えるところを重点的に片づけ、単純にいらないものを処分していくだけで、家のなかのきれいな状態が長続きすることに気がつきました。

今日は洋服の入ったチェスト、またある日は子ども部屋のおもちゃ箱など、今日１日（か、15分間だけ）取り組むスペースを１つ選んだら、そこだけに集中して、ほかは放っておきます。

わたしが片づけるのは、選んだスペースだけ。

もちろん、**それぞれのものの行き先については、「２つの質問」を使って判断します。**

行き先が決まったら、速攻でそこまで持っていきましょう。そのときそこでなにを見つけても動揺しないでくださいね。

たとえば、塗料のカン1本を、すでに同じようなカンがいっぱいグチャグチャに詰まった戸棚に入れることになっても問題なし。塗料を1本しまうことが、このときの任務です。今日のところは、扉を閉めます。これで今日のプロジェクトは完了。

ただし、持っていったものが収まらなかったら？

そんなときには、深呼吸をして「1つ入れて、1つ出すルール」に従います。

もしバスルームでホッチキスを見つけて（こういうことは、うちではありえます）、そのホッチキスを文具入れの引き出しまで持ってきたけれど、引き出しが完全に満杯だったとしたら？　当然、そこで文具の片づけに取りかかる必要はありません。

ホッチキスをしまう小さなスペースをつくるだけでいいのです。ホッチキスよりも、さらにこの引き出しに必要ないものを1つ選んで処分する。

何を捨てるか、って？　判断のつきやすいものです。パッと見て「あ、これはいらないな」と思うもの。

そんなわけで文具入れの引き出しにスペースが必要になったとき、そのなかにペンケースを見つけました。

なかは空っぽで、引き出しの底に鉛筆が散乱していました。その前にも、このペンケースのことは覚えていましたが、ゴミだと意識していなかったので、ただ「うわあ、いつかここも片づけなくちゃ」と思っただけでした。

でも、ホッチキスをしまいにきたときのわたしのプロジェクトは、ただ「1つ入れて、1つ出すルール」を実行するだけです。

ペンケースを捨てれば、ホッチキスが入りそうです。

この引き出しは、もっとどうにかすべきでしょうか？　もちろん、**いずれどうにかすべきですが、今日ではない**ということです。

そして、ペンケースを持ってもとのバスルームに戻ります。そこにあるゴミ袋にポイッ。

いかがでしょう？　わずかながらも前進している気がしませんか。少なくとも、もっと散らかすことはしていません。

わたしも「脱ずぼら生活」始めました！

今まではせっかく片づけ始めても途中でじゃまが入り、結局は何週間もいろんな袋が床に置きっぱなしになり、ますます部屋が見苦しくなったことがありました。
１つずつしまいにいくのは、時間と体力のムダのようにも思えますが、実際には前以上に散らからなくなります。

——Ｐさん

なにかの置き場所が決まったら、すぐにそこに持っていくことを始めてみたら、片づけプロジェクトはずっとラクになりました。不思議なことに、ガラクタといっしょに消えてなくなったのが、自分のなかのモヤモヤした不安や焦りでした。

——Ｓさん

「後悔先に立たず」と言うけれど

幻想

片づけをするなら
正しくやらなきゃダメ。
どうせちゃんとできないのに、
そんな手間をかける
意味なんてあるの？

現実

人生は、片づけとともにある。
手間はかかるけど、
それだけの価値はある――
どんなにぎこちなくても。

自爆を防ぐルール

ときどき「2つの質問」に答えた結果、ゴミ箱に突っ込もうとしたのに、どうしても手放せないものがあります。悩みすぎて頭が爆発しそうです。

「どうしよう。いらないけど、もしかしたら、でも、いらないし。でもでも……」

それを置ける場所は家のなかにいちおうあります。でも、次に目についたら、自分がまだ持っていたことにうんざりするに違いありません。

その一方で、少なくとも捨てなくてよかったと思うことも十分ありえます。

たとえば、大のお気に入りだったベルト。ずっと使っていたので少し傷がついてしまいました。それに、なんとなく今のスタイルではないかな……。

わざわざ傷を補修したり、デザインをリフォームしたりするほど好きだろうか？

それから、いちおうまだ切れるハサミ。錆《さ》びついているから、切るときものすごく握力がいるのが玉に瑕《きず》です。

そうそう、ボディソープの容器はシャワーカーテンの柄とぴったり合うから買ってきたのですが、ポンプの吸い上げの調子がイマイチ。

そこでわたしは、こんなルールをつくりました。

「取っておく価値があるかどうか決めるときに頭が爆発しそうになったら、それは手放す」

名づけて「自爆を防ぐルール」。

役立つ可能性はあるけれど、実際は役に立っていないアイテムに、自爆するほどの価値はありません。もしかして処分したことを後悔するかもしれませんが、そのときはそのとき。頭が爆発するよりはいいでしょう。

もちろん、ときにはわたしも判断を誤って、手放したあとに、取っておくべきだったと悔やむことがあります。

たとえば、どこから落ちたかわからないネジがリビングの床に転がっていたとき、わたしはそれを捨てました。

ところが翌日、まだ買ってそれほどたっていないリクライニングチェアが壊れているのに気づきました。ネジが1個見当たりません。

しまった！

またあるとき「水筒の買いだめが多すぎる！」と思いたちます。

「5人家族なんだから、5個でいいでしょ」

それからしばらくして、友だちをプールに誘ったとき、1人も自分の水筒を持ってきませんでした。あーあ、こんなことなら何個か余分に取っておけばよかった。


こんなふうに小さな後悔もあれば、大きな後悔もありました。でもどんなときも、生き延びてきました。

いきなり話が大きくなりますが、地球の始まり以来、人類は過酷な時代をくぐり抜け、すべてを失いながらも前よりもっと強く発展してきたのです。

それを思えば、ネジ1本がどうだというのでしょう。

大丈夫、またやり直せばいい

ごくたまに「自爆を防ぐルール」に従わないこともあります。

「脱ずぼらプロジェクト」を始めたばかりのころよりは少なくなりましたが、それでも、いまだにあります。

しばらく迷い悩んだ末に「やっぱりどうしても、今すぐ手放すなんて耐えられない」と思い、取っておくことに決めるのです。

1年後、自分が間違っていたことに気づきます。でも、それで全然問題ありませんよ。またやり直せばいいのですから。「いずれまた片づけるときがくる」――それがわかっていることに自由を感じます。これが今の心境です。

片づけのやり直しが必要になるときはかならず来ますが、1回目の片づけよりははるかにカンタンです。

最初はやっぱり苦労しました。でも、1年（か、2年）後、同じ収納スペースを片づけるときには、もう不安はありません。

選りわけるべきものもずっと少なくなっています。それは**去年がんばったから**です。たとえば、1足の靴。去年は、捨てるべきか最後まで悩んだもの。でも今は、なにも感じません。この1年、結局、一度もはきませんでした。

今なら、もう手放すことができます。心残りなく！

わたしも「脱ずぼら生活」始めました！

わたしの脳内会話です。

ずぼらさんのわたし「だけど、これにはたくさんの思い出が詰まってるよ。これだけは取っておいたほうがいいんじゃない？」

片づけができるわたし「でも、別にいい思い出じゃないもん。全部、忘れたっていいの！」

ずぼらさんのわたし「でも思い出は思い出。捨てるのはよくないよ。今のあなたがあるのは、過去のおかげなんだから」

自爆を防ぐルールを守る、片づけができるわたし！「もう！いいから黙ってて！　これは捨てるの！」

──Ｊさん

愛着か、執着か

幻想

思い出は大切。どうしても
残しておきたいものだけ
取っておく。

現実

とりあえず全部取っておこう。
後悔したくないもの。
そこに過去の自分が詰まって
いるかもしれないから。

「感情」と「モノ」のつながり

自分のガラクタを少しずつ整理していくと、家のなかに取っておいたものによって息が詰まるというのが、どんな感じかわかるようになり、さらに、ものをできるだけ減らすことが、どれだけ物理的にも感覚的にも住まいを広げてくれるか、身をもって思い知りました。

誤解のないように申し上げておきます。心に傷を負うほどの悲しい出来事に見舞われた人が、ある特定のものに対して感じる特別な愛着について、専門家でもないのに、わかったようなことを言うつもりはありません。

ここから先は、その前提を念頭に、読み進めていただければと思います。

子どものものは手放しづらいものです。

彼ら、彼女らが人生のそれぞれの節目を通過していくにつれて、ついそのときどきの記憶を留めておけるものを大事にしまっておきたくなります。

でも、たった1着の小さな服を見るだけで、たくさんの思い出がよみがえってくるものです。彼らの着た服をすべてとっておく必要はないのです。

子どもたちそれぞれが生後3カ月まで着た服のなかから1着だけ、お気に入りを選ぶことにしました。産院から退院して家に帰ってくるときに着ていた「おくるみ」ではなく、もっとたくさんの日常が詰まった服。いつもわたしを笑顔にしてくれる服です。

わたしが子どものころ、テキサス州のジェファーソンという小さな町に家族旅行へ出かけたときのこと。その町のアンティークショップで、母がブリキの箱を買ってくれました。わたしはそれを「ジェファーソンボックス」と呼び、大切な宝物をしまっておくために使っていました。

なにか大事なものがあると、いつも母は「ジェファーソンボックスに入れておいたら？」と提案してくれました。

みなさんもこんな箱を1つだけ、つくってはいかがでしょうか。**子どもの思い出の品は、ここに収まる分だけとっておく**――そんなルールを守るようにすると、過ぎさった日のお片づけが進みます。

わたしは**ものを手放すことには悲しみが伴う**と知っています。

とくに思い入れのあるものは身を切られるような痛みを感じることもあるでしょう。

もしこの本を読んでおられる方のなかに深い悲しみを経験したために身動きがとれず、あつかえる以上の思い出の品をかかえて手放すことができないのなら、心のケアが必要な場合があるかもしれません。

そんなときは、心の専門家に相談してみてはいかがでしょうか。専門家に助けを求めることは、〝弱さの表れ〟と考える人もいるようですが、けっしてそうではありません。

インターネットで同じ悩みを抱える人たちがいないか検索をするのもいいでしょう。あるいは、近所に悲しみから立ち直ろうとする人々のサポート・コミュニティがないでしょうか。かかりつけのお医者さんに、専門家を紹介してもらうのもいいと思います。

不要なものを処分することに手順があるのと同じように、悲しみを乗り越える手順もかならずあります。

どうする？大事な「いただきもの」

幻想

わたしには才能がある。
ありとあらゆるものに価値を
見出す特殊な才能が。

現実

とにかくわたしは
コレクター気質。
ものにありもしない価値を
見出し、わが家は
廃棄物処理場と化している。

罪悪感はいらない

人からもらったものを処分するときの罪悪感。みずからの「まだ使えるのに、なんてもったいない」という罪の意識だったり、ものを贈ってくれた人の気持ちを慮《おもんぱか》ってそう感じたり。

だけど、わが家はわたしの住まい。わたしのスペースです。このスペースに住んでいる人以外の誰も、そこに何を保管するかという問題について口出しはできません。

わたしが「人からいただいたもの」をずっと捨てられなかったのは、それをくれた人をガッカリさせたくなかったから。

世話好きのクララおばさんがいなかったら、あの陶製のパイナップルの置物は迷わずリサイクルショップに持ち込んだはず。

だけど、真実はこうなのです。

「もともとおばさんが自分の家に置いておきたいと思わなかったもの、それをわたしが家に置いておこうと思うなんて期待してはいけない」

ただし、こういう問題に家族の力学がからんでくると、ことは少々複雑になります。わたしが個人的におすすめする対策は、「今すぐ売るか捨てるかして、そのあとはすっとぼける」なのですが、家族や親族の気持ちを踏みにじらないための方法もいくつかあります。


たとえば、こういう方法はいかがでしょうか。

友だちや親族への一斉メールを送信します。

「今、家を大そうじしてるの。欲しいものがあったら、今のうちに取りにきて！」

そして大きなゴミ袋を用意して、1回の週末ですべて処分するのです。


あなたの家に絶えずガラクタを持ち込もうとする人には「ノー」と言うこと。

「これ、きっとあなたには必要なんじゃないかと思って〜」なんて言って、しょっちゅうものをくれようとする人です。

こういうおせっかい、かつ、はた迷惑な人はときどきいて、この人たちを食い止めるのは容易なことではないでしょう。でも、食い止めなければなりません。

堂々と「ありがとう。でも、今は必要ありません」とか「お気持ちはうれしいけれど、わたしはけっこうです」と言いましょう。

もしその人があなたの「ノー」に耳を貸そうとしなかったら、「だったら、代わりにわたしがリサイクルショップに持っていってあげましょうか」と返してください。

わたしが陶製のパイナップルを捨てないでいるのは、ただ、それをくれたおばさんの気持ちを考えてのこと。でも、それは不要なものを取っておく正当な理由にはなりません。自分には「ガラクタの境界線」があり、いただきものの「置物」がその境界線を越えていることも自覚しています。それを見るたびに、うんざりする。だけど、世の中にはほかに気に入ってくれる人がいるかもしれません。

「わたしにもう少しインテリアの才能があったら……」などと説明するのもテです。「もっと飾りつけのセンスがよければいいのだけど、どうも才能がなくて。うちの統一感のないダイニングじゃ……。だから、何年もずっと箱に入れっぱなしで、箱から出してあげないとかわいそうだしもったいないですよね。どこかにきっと誰か喜ぶ人はいるはずですから！」

それを置いておくところが家のなかにないと正直に話せば、彼女たちの非を責めることにもなりませんし、自分自身がそれを保管する責任を負うことにもなりません。

そうそう、もう1つ提案があります。

くれた人になんらかの形で、あなたが不要なものをいろいろと処分しているところを見てもらいましょう。

ものでいっぱいになった家をなんとかするために、洋服も靴も家具も、自分の子どものころの思い出の品までも手放しているところを見せるのです。

そうすれば、その方からもらった宝物（その人の家には置いておけないけれど、どうやら価値があるらしいもの）も処分せざるをえなかったけれど、それは突然その人のことが嫌いになったからではなく、また、いただいたものが嫌いだったからでもなく、ただ「今のわたしには手に負えないもの」だから手放したのだと理解してもらえるでしょう。

わたしも「脱ずぼら生活」始めました！

友だちに、善意からいろいろなものをくれる人がいます。それも、ひっきりなしに。もうそろそろ、わたしの気持ちはわかってもらえたかなと思っていたある日、仕事から帰ってくると、玄関に古い黄ばんだキルトが置いてありました。しかたなく、動物保護施設に寄付。

彼女から「あのキルトはどうしたの？」と聞かれ、わたしは「あっ、ありがとう。でも、人にあげちゃった」と答えました。その場が凍りつくような沈黙……。

でもそれっきり、留守中に謎の包みが置かれることはありません。それに、今も彼女はふつうに話しかけてきます。ひょっとすると、ようやく彼女の耳にわたしの声が届いたのかも……？

——匿名希望さん

心が晴れる「手放しの4つの方法」

幻想

わが家には、お金になりそうなものもある。これで旅行資金を貯めよう！

現実

やっと売りに出す時間の余裕ができても、フリマでは、25セント（約25円）にしかならない。

宝物の「本当の値段」

ここでハッキリさせておかなければならないことがあります。

自分が本当に気に入っているものや持っているだけで幸せな気分になれるもの、持っているると暮らしやすくなるものは、すべて価値あるものです。

でももし、好きでもなく、使いもせず、決まった置き場所も確保できないのに、ただ高額であるというだけで持ち続けているものがあれば、それは手放さなければなりません。

わたしの場合、自分の「ガラクタの境界線」を越えないためには2つの選択肢しかありません。

選択肢① 売る

選択肢② あげる／寄付する

ですから、「すべてあげちゃいましょう」というかわりに、「現実的になりましょう」と言うことにしています。

収集家の多くは、自分のコレクションで大金を稼ぐことを夢見たことがあるものですが、**「きっと相当な価値がある」と信じているものを手放すには、じつはそれには価値がないのだと思い知ることがいちばんの方法**です。

実際の価値を知れば、だいたいあきらめがつきます。

ネットのフリマ・アプリを使えば、おばあちゃんからゆずり受けた陶製のカエルに現在の市場でいくらの値段がつくか、ものの5分でわかります。

わたしにも思わず胸が高鳴るような経験がありました。

誰かが、わたしが持っている商品とまるっきり同じものを、フリマ・アプリで150ドル（約1万5000円）で売っていたのです！

でも、よくよく見ていくと、検索結果の1ページ目に出ているのは、「売れた」ものではなく「売ろうとしている」ものでした。おっと、あぶない。

「売買成立（SOLD）」という言葉が出てくるまで、ずっと下までスクロールしていきます。

このフリマ・アプリでの5分間の検索で、自分の宝物には思っていたほどの価値はないとわかるか、少なくとも実際にいくらで売れるのかという現実的な考え方ができるようになりますよ。

ただし、ちょっとした努力を惜しまなければ、の話です。

ネットのフリマ・サービスを利用する

まずは、いろいろと調べなければなりません。今から売ろうとしているものは、オリジナルか模造品か。傷はついていないか。元の状態から加工されていないか。「売買成立（SOLD）」にのっている商品と完全に同じものかどうか。

次は写真撮影。何枚かの写真をサイトに投稿します。もちろん、写真写りは商品の売れ行きを左右しますから、なるべく明るくて細部がわかるものを。

次は、商品の仕様をリストにします。すべての傷も含めて、商品の特徴を詳しく正確にわかりやすく書き込みましょう。もし売れたら、支払い完了まで待ち、商品を（壊れないように、ていねいに）梱包して発送します。

あなたの予想価格は、はたしてこれだけの労力に見合っているでしょうか?

そもそも、期待する金額で売れそうでしょうか?

結局1つも売れない可能性もあります。そうなったら、完全にこれだけの作業がムダになります。ちなみに、売れたとしても配送費用がかさみますよ。

このあたりのバランスはよく考えてくださいね。

リサイクル業者に売る

自力で売るのはむずかしいとわかったものの、それでも人にあげるのはなあ……というのなら、地元のリサイクル業者に電話してみましょう。

「家具買取」や「スポーツ用品買取」などの業者の連絡先を調べます。

自分の持っているものを伝え、買い取ってもらうか、または、ブランド品などを売る場合は、委託販売してくれるか尋ねましょう。

委託販売では利益の一部を手数料として取られるけれど、忙しいあなたの代わりに販売してくれます。

どの業者がいいか近くに住む友だちに聞いたり、ネットで探したりすることもできます。持ち込む前に、意に染まない取引にならないよう、その業者の掲げている条件はきっちり確認しておいてくださいね。

こういう委託販売を試した人たちの話をたくさん聞いたことがありますが、だいたい売りたかったもののうちの3分の2以上が条件に合わず断られたそうです。

そして、くれぐれも悪徳業者に引っかからないように。委託販売の経験がある友だちからおすすめの業者を聞くほうがいいでしょう。

フリマに出品する

各地域で開催されているフリーマーケットやガレージセールは、ものを処分してお金を稼ぐ最後の手段といえるでしょう。

楽しそうに見えるフリマにも大変な手間がかかります。そのうえ、ひとつひとつの売りものに高値がつくことはありません。そこにやってくる人々は、みんな「フリマ価格」を期待していますから、ネットのオークション・サイト以上の値段で売れるかも、などと思ってはいけません。

なるべく安価にして、ガラクタをできるだけ処分するのが目的です。

フリマの楽なところは、品物を売るための細かな説明がいらないこと。たとえば、どこかが少々へこんでいても全然問題なく使えるものなら、お客さん自身の見立てで買う価値があるかどうか決めてもらえばいいわけです。

ここでなにより大事なのは「売れ残ったもの」をどうするか。

「売れ残ったものはぜったいに家に戻さない」と決めておくことです。

儲けようなどと思わず、なんとしてでも売りきることを目的にすれば、価格を思いきり下げることができます。**この原則をしっかり守れば、かならず手持ちのお金は増え、ガラクタは減ります。**

人にゆずる

最後に「誰かにあげる／寄付する」という方法があります。理念に共感できるＮＰＯや慈善団体、たまたまいいタイミングでその品物を欲しがった知り合いでもかまいません。わたしの場合は、うちまで取りにきてくれて、わたしが仕分けをしなくてもよい人ならどなたにでも差し上げます。

もし自分が持っているものに真の価値があるのなら、売ってお金を手に入れることもできるでしょうね。だけど残念ながらそうでないのなら、あげてしまうのが不用品整理の近道です。そこのところは割りきりましょう。

要するに手放す方法は、次の４つのいずれかなのです。

1　自分で手間暇かけて売り、希望の金額を手にする

2　誰かにゆずって、そこそこの金額を受け取る

3　タダでゆずって忘れる

4 捨てる

実際、ここに書いた方法と手順をすべてやってみましたが、つくづく思うのが、人にあげるほどいい処分法はないということです。簡単ですし、スピーディ、そしてなによりストレスがありません。

未来は誰にもわからない

おかげさまでブログが人気になり、さまざまな場所で自分の経験をお話しする機会が増えました。

講演に来てくださった皆さんからは、毎回かならず同じことを質問されます。

子どもがいるお母さん「ベビー用品をどうしたらいいでしょう？　次の子どもができるかどうか、今はまだわからないのですが」

洋服づくりが趣味の女性「布地がたまりすぎて困っていますが、処分するのも不安です。いつどんな布地が必要になるかわかりませんので」

わたしの答えはいつもこうです。

「未来のことはわかりません。判断の難しいものから始めず、まずはカンタンなものから取りかかってみてはいかがですか？」

片づけ意欲の高い人にとっても、判断のつきづらいものを手放すのは容易ではありません。思い入れが邪魔するからです。

そこから始めてはいけません。それについては、考えるのさえやめておきましょう。今はまず、ゴミ袋をつかむこと。そして、とにかくいちばん簡単なことから始めてください。

キッチンに作業スペースをつくりましょう。

ダイニングのテーブルやピアノの上に置いてあるものを片づけましょう。

洗面所の床をきれいにしましょう。

たった1カ所だけでも片づいた状態を維持できれば、家のなかがだんだん住みやすくなり、快適になります。そして、不思議なことにある瞬間、片づけに「勢い」がつくのです。

ここしばらくのあいだに、わたしはどんどんものを処分する人間になりました。

それは**「少なく持つことの豊かさ」**を経験したからです。

わたしにとってはものをたくさん持っていることより、すっきりと余裕のある空間で暮らすことのほうがはるかに価値の高いことです。

ベビー用品を売り払ったあとにもう1人子どもができても、また別のママ友からお下がりを買うことができます。自分が一度処分したものを、また買い戻すことになるわけですが、もったいないとは思いません。

それとは比べものにならないほどの価値が、快適な住空間にあるからです。

もし洋服をつくっているときに紺色のチェック柄の布が必要になったら、わたしは「またとない口実ができた」とばかりに友だちを誘い、布地専門店に買い物に出かけるでしょう。それに、お店のすぐ隣には大好きなカフェがあるから、そこで友だちとお茶をすることができるかも。

人生はこうして続いていくもの。

ものがなくても、なんとでもなる。そんな確信が今のわたしにはあります。

みなさんもそんな経験をしてください。「少なく持つこと」の安心感とともに。

家族の日課

幻想

家族が散らかしたものまで
わたしがなんとかしなくても
いいのなら、
わが家はピカピカなのだけど……。

現実

もしそうだったとしても、
それは楽しい生活にはならない。
とにかくわたしは
家族が好きなんだよね。

無関心な家族をどう巻き込むか

じつはわたし、家族や友だちみんなに内緒で「脱ずぼらプロジェクト」を始めました。ですから当初は、家族ですら誰ひとりとして、わたしのやっていることを気にかけませんでした。もちろん参加もしないし、手伝おうかと言ってくれる人もいません。

たまったグチはネットの空間ではき出しながら、現実の生活では口をつぐんで、ただ黙々と皿洗いに精を出したのです。

一方で、自分のやっていることをなにも話せなかったために、いいことがありました。自分で決めたことにひたすら集中して取り組み、その結果を分析できたことです。結果はすべて自分自身がやったかやらなかったかによるので、少しずつ変化していく家の様子に集中できました。

そしてあるときタイミングを見はからって（いつもはそんなことをしないわたしですが）、「汚れた食器は直接、食洗機に入れるようにしてね」とオットと子どもたちに頼みました。

このころまでにはみんな、わたしが毎晩、食洗機に汚れた食器をセットしているのを目にしていましたから、納得して行動してくれました。

それからしばらくして気づいたことがあります。

それは、無意識のうちに家族みんなのルーティンができていたこと。

わたし自身が自分の習慣づくりができると、強制しなくても、その習慣に家族みんなが自主的に参加するようになりました。

食洗機に食器を入れること。月曜日のお洗濯。毎日5分間だけ、床からものを拾い上げること。この基本的な習慣が、家族全体に定着したのです。

そして思いも寄らぬことに、片づけフィーバーって伝染するのです。

ずぼらだったわたしが、あれこれと長年捨てなかったものまで処分しているのを見て、なぜか自然とオットも自分のガラクタを処分し始めました。

わたしだけでなくオットも突然、床がもので埋め尽くされているより、余白のスペースがあることに価値を見出すようになったのです。

わたしは「容器の意味」を理解できたときに、ガラクタ処分の不安が激減しましたが

（パート16をご参照ください）、この「容器の意味」を家族にも話しました。

といっても、みんなを座らせてお説教したわけではありません。

オットや子どもたちに容器を用意（棚の収納リミットを示すだけでも）して、具体的にどうすればいいかを説明しました。

このことによって、彼らが大事に思っているものをわたしも尊重しているということが伝わりましたし、容器の大きさが決まっていますので、取っておけるものの量がひと目でわかるようになりました。

親子関係を犠牲にしないために

ここまで読み進めてこられたみなさんは、もしかすると、この本が（あなた自身ではなく）いっしょに暮らす誰かをやる気にさせてくれないかしら、と考えていらっしゃるかもしれません。

自分自身は世界一の片づけ上手さんで「（あなたと同居している）誰かさんさえいなかったら、おうちは完璧なのに」と思っているのではありませんか？

わたしはこの本を、自分を変えたいと思っている人のために書きました。

子どものころから散らかし魔だったわたしは、母を何度も怒らせました。母はあれこれと手を尽くして、なんとかわたしを変えようと一生懸命でした——やる気が出るように仕向けたり、厳しくしつけたり、それはもう、いろいろと。

だけど、わたしがどんなにずぼらであろうと、母はわたしに愛情を注いでくれましたし、また、その愛情をわたしにはっきりと示し続けてくれました。

大人になったわたしは相変わらず片づけ下手ですが、それでも母とわたしはとても仲よしです。

家族をどんどん応援して、習慣をつくって、できることはなんでも協力してあげましょう。でも、どんな状況になっても、絶対に親子関係を犠牲にしないでくださいね。

ものより人間のほうが大切。このひと言に尽きます。

散らかっているとイライラしてしまうこともあるけれど、それと家族を思う気持ちは全然関係ない。

そのことを大事な人たちにもちゃんとわかるように伝えてくださいね。

わたしも「脱ずぼら生活」始めました！

わたしはもともと最低限のものしか持たない主義で、整理整とんが好き。でも、ものを最大限に持つのが好きで、かつ、片づけに興味がない夫と暮らしています。

子どもは２人。まだ小さいので、毎日が大混乱です。

とにかく２人の共用のもの（なかでも、わたしのテリトリーと言えそうな、郵便物やキッチン用品やベビー用品など）はわたしの判断で片づけるようになりました。

パートナーの「ものを集めたがる欲求」をわたしがコントロールするわけにはいきませんが、せめてキッチンのカウンター上はいつもなにもない状態にできています。

――Ｓさん

これだけはゆずれない「たった1つのこと」

幻想

もっと時間と
エネルギーがあれば、そして、
もっと家が大きかったら……。

現実

この人生が、わたしの人生。
この家が、わたしの住まい。
これを変えることはできない。

やるべきことは全員同じ

ここまでのパートで「現実を知る」すべての過程を見てきましたよね？

家が悲惨な状態にならずにすむように、日常的に何をしなければならないか。

そして、ありあまるほどのガラクタを、頭がおかしくならずに暮らせるレベルまで減らすために、何をすべきか。

でももし、自分が特別な環境にいたらどうなのでしょう？

もし、みなさんの生活スタイルが、わたしとまったく違っていたらどうなのでしょう？

多くのブログの読者と接するうちに、みなさんが置かれている状況は、本当にさまざまだということがわかってきました。

わたしは在宅でこうやって文章を書く仕事をしていますが、読者のなかには外でフルタイムの仕事をしている人もいます。

または、子どもにホームスクーリング（訳注：通学せず、自宅で受けられる教育システム）を受けさせているお母さんもいます。

「痛みを伴う慢性の病気に苦しんでいる」とか「双子の赤ちゃんがいる」とか「独身です」という人もおられますが、どれもわたしの状況とは一致しません。

だけど、わたしのやり方が「効果がありました」と言ってくださる人々の共通点として、1つ重要なポイントがあります。

この作戦が自分に合っていると感じる人たちは、みなさん「食器洗い」を実践しているということです。


世の中には、慢性的な病気をわずらいながら、または双子の赤ちゃんを育てながら、いつも家をきれいにしている人がいます。

驚くべきことに、子どもが10人いて、仕事を3つ掛け持ちし、捨てられた子猫の世話を引き受けつつも、毎週土曜の朝にはお手製のバナナブレッドを焼く人もいます。

その一方で、外で仕事をしているわけでもなく、そのうえ、週に一度は家政婦さんに来てもらっているのに、いつも家のなかをとんでもない状態にしている人もいます。

わたし自身、家の状態がまるで魔法のように変わるときがくるのを、何年もひたすら待っていました。

当然ですが、人生の新しい節目を迎えるたび、自分を取りまく環境がどんなに変わっても魔法なんか起きず、相変わらず家が散らかったままだということに、何度も失望しました。

結局、いろんなことが変わったのは、この真理を受け入れたときでした。

「どんなに状況は違っても、基本的にやらなければいけないことはずっと同じ」

基本的なことだけはきちんとやるしくみのある家は、どんなに住人が疲れきっていようと働きすぎでぐったりしていようと、最悪の事態におちいることはありません。

みなさんの毎日がどうであれ、きれいな食器とソックスはかならず必要になります。自分の状況とほかの人たちの状況を比べたからといって、このことは絶対に変わりません。

どれだけ家事が多岐にわたろうとも、本書ではとことん基本的なタスクにしぼりました。

万が一うまくいかなかったら、ご自分に合うように変えてもらってOKです。

でも、まずはわたしがご提案するやり方を試してみてください。なにも試さないでいるうちは、なにも見えてはきません。

くれぐれも一気にやろうとしないで、小さなことに集中してみるといいです。

最初はゆっくり。できるだけ小さなタスクから。

目まぐるしい生活に何の影響もないと思えるほど小さなことから。

そして、汚れた食器がシンクにたまっていないとか、バスルームがまあまあきれいだとか、洗濯物がたまっていないとか、そういう小さなことで驚くほどストレスが解消されることを実感してください。

困ったときはアウトソーシング

まず気をつけなければならないのは、無理をしないことです。

効果を出そうと焦るあまり、自分を追い込んではいけません。なにもかも自分だけでできるはずがありません。

ちょっとしたすきまの時間を見つけて、基本のタスクだけこなしましょう。それだけで、ずいぶん大きな影響があるはずです。

それでもどうしても思うほどの効果が出ず、その原因が自分にあると感じて罪悪感に苦しむようなら、次善の策があります。

その1つがアウトソーシング（外部委託）、プロの助けを得ることです。

もちろん、これにはお金がかかります。ですから、わたし自身はこの方法にためらいを感じますし、積極的におすすめすることはできません。

そして、この本はあくまでも、家の片づけを数百円の出費で進めていくことを目標としています。

食器洗いをきちんとこなし、毎日5分間、床からものを拾い上げるタスクもしている。家をそれなりの状態に保っているのに、トイレとバスルームのそうじとキッチンの床拭きにはいつもストレスを感じ、そんなことより別のことに時間をかけたいと思っているなら、「誰かを雇って家をそうじしてもらいたい」と考えるのもアリ。

生活スタイルを維持し、ほかでもないご自身の家に必要なことをするためなら、どんなことをアウトソーシングしても許されると思います。

念のため、われながら口はばったいことを申し上げますが、すべての家事を放り出すのだけはやめてください。

どんなことがあっても、自分にできる基本の4つの習慣だけはこなしましょう。

この習慣をずっと続けるために

幻想

今度こそ本気。過去の
あやまちから学んだから、
ついに、ずっと変化を
維持できるようになった。

現実

ずっと変化を維持できている。
でも、その変化は
予想していたのと
まるっきり違う。

これまでにわたしが学んだこと

ついに最終パートにたどり着きました。途方にくれて読み始めたあなたも、あと少し。

最後に、みなさんが疑問に思っているであろうことに、1つお答えしましょう。

「これって、ずっと続けられるの？」

「ついに〝ずぼら問題〟を解決できるの？」

答えは「イエス」。

でも、それはわたしがかつて予想していた形の「長続き」ではありません。


以前のわたしは、いつの日か完全に問題が解決するときがくると思っていました。いつか家のなかがきれいに片づき、その状態は永遠に続くだろう、と。

おとぎ話の「めでたしめでたし」という結末のように、完璧にきれいな家を背景にして家族みんなが幸せそうに笑っている場面をずっと思い描いていたのですね。

長年「脱ずぼらプロジェクト」に取り組んできましたが、そのあいだにわが家は激変しました。でももっと重要なのは、わたし自身が変わったことです。

以前のわたしは本を読み、ほかの人たちの家を観察し、片づけ上手さんの話をたくさん聞いてきましたが、それだけで片づけができるようにはなりませんでした。

実際に食器洗いを毎日実践して始めて、基本の4つの習慣がどれだけの効果をもたらすか理解できました。

「ものを減らさなくてはならない！」と実感したのも、実際にものを減らし始めてからでした。

そして、（ほとんど）すべてのものの置き場所が決まっている家で「5分間、床からものを拾い上げる」タスクを実行すると、それがどれほど大きな効果があるか。これも、やってみてはじめて知りました。

何度もガラクタを処分し、そして余分なものや不要なものを家からどんどん取りのぞきましたが、そのたびに、以前より長く部屋が整った状態で維持できることに気づきました。こういう経験を何度もするうちに、わたしはついに自分の「ガラクタの境界線」を理解したのです。

家族ぐるみで片づけの習慣もできました。

家の勝手口の横には、いつも箱ごと寄付できる「寄付するものの箱」が置いてあります。子どもたちの衣類が小さくなればすぐにこの箱に入れるようになりました。

家族みんなが「少なく持つこと」を実践し、この暮らしを楽しんでいます。

わたし自身も超多忙な生活でもできる習慣をつくりました。

この最終パートを、締め切りまでに仕上げようと必死になっている最中に、手を止め、椅子から立ち上がると、散らかりまくったキッチンテーブルをあとにして、洗濯機から洗い終わった衣類を取り出し、乾燥機に入れました。

それから、濃い色柄ものの汚れた衣類の大きな山と、学校の制服と汗汚れのひどいトレーニングウェアの山の2つに分け、また洗濯機をスタートさせました。

6年前だったら、信じられない光景です。

洗濯みたいなささいな家事のために、締め切りが迫った大きなプロジェクトを中断することはなかったでしょう。

なぜ、今のわたしは中断するのでしょう?

経験から学んだからです。経験をとおして、身をもって実感したからです。

どんなに原稿書きに集中していても、その日が月曜だとしたら、かならず洗濯を実行します。経験から、このタスクが1日で終わることを知っているからです。

世界じゅうのずぼらさんといっしょに

「脱ずぼらプロジェクト」を始めたとき、心のどこかで「いつかきっと、わたしもほかの人たちみたいに、なんの苦労もなく家をきれいにしておけるようになるだろう」と期待していました。

でも、きっとわたしは今後もそれなりに苦労するでしょう。

なにせわたしの脳は、片づけ上手な人の脳と同じように働かないのだから仕方がありません。

本書の冒頭でも述べましたが**「片づけにまつわるたいていのハウツー本が、じつは、頭のなかが片づいている人によって書かれている」**のです。

彼ら、彼女らとは脳の働き方からして違います。

自分の家の状態に合ったアドバイスだけを取り入れ、合わないアドバイスについては気にしないことにしました。

決めたことを実行し続けるかぎり、わたしの失敗は本当の失敗になりません。**本当に失敗するのは、わたしがやめたときだけ**です。

みなさんもときには失敗するでしょう。でも、それですべてをやめてしまわないかぎり、かならずこの「脱ずぼらプロジェクト」は成功します。

そしてもう1つ、**あなたは独りぼっちではない**ということです。

もの書きになりたかったわたしは、いつか自分の得意なことを活かして、文章で表現できたらなあと考えていました。

たとえば、「家族と子育てと人生」という感動のテーマなんかいいんじゃない？　役に立つ子育てのアドバイスや家族の感動のエピソードを書ければ、読者のみなさんを勇気づけられると信じていました。

これは大間違いでした。

逆に、なぜか「また散らかってしまった部屋」のみじめな写真をブログにアップするとき、予想外の反響をどっといただきます。どうやらわたしの悪戦苦闘ぶりをありのままにさらけ出すほうが、必死に助けを求めている人たちを励ますことになるようなのです。

わたしは今も「脱ずぼらプロジェクト」のブログを続けています。

相変わらず、片づいていたはずの部屋が、またちゃくちゃになることがあります。

あるいは「基本の4つの習慣」が超過密スケジュールの週に実行されず、その結果、惨《さん》憺《たん》たる状態になることもあります。


一方で、こんなわたしのもとには多くの女性たちから熱いコメントが届きます。彼女たちはわたしの苦労に共感し、そして、みなさんのことも理解できる仲間たちです。

この本のはじめに、わたしはお約束しました。

「本書でお伝えしようと思っている作戦はどれもこれも、わたしの〝実験室〟でテストされ、その効果は実証ずみです。仮説はゼロ、あるのは現実に即したものばかり」と。

さあ、いよいよみなさんの手でうまくいくかどうか、試してみるときがやってきました。

さあ、はじめの1歩。今から、お皿を洗いましょう。

わたしも「脱ずぼら生活」始めました！

これからもずっと苦労するでしょう、とダナさんはおっしゃいました。
その言葉に、わたしは救われた思いがしました。
だって、この手に負えない困難を克服しようとやっきにならなくてもいいのですから。そして、“完璧”を求める必要もないのですから。

ダナさんが（苦労しながらでも）これまでがんばってきた道のりを知り、わたし自身もよくがんばってきた（じつは、この２年間でやった家事よりも、この２週間でこなした家事のほうが多いのです！）と思えることで、ますますやる気になりました。

なんだか逆説的ですが、苦労はけっして終わらないと聞くと、かえって希望がわいてくるのです。

――Ｋさん

How to Manage Your Home Without Losing Your Mind
by Dana K. White

Published by arrangement with Thomas Nelson,
a division of HarperCollins Christian Publishing, Inc.
through Tuttle-Mori Agency, Inc., Tokyo

イラストレーション　黒猫まな子
編集協力　株式会社リリーフ・システムズ

どんなずぼらさんでも
「これなら絶対！」

片づく技術

「たった１つの習慣」で人生が変わる

2020年1月9日　第1刷発行

著　者　ダナ・K・ホワイト
訳　者　大浦千鶴子
発行者　鉄尾周一
発行所　株式会社マガジンハウス
〒104-8003 東京都中央区銀座 3-13-10
書籍編集部　☎03-3545-7030
受注センター　☎049-275-1811

印刷・製本所　株式会社千代田プリントメディア
ブックデザイン　清水真理子（TYPEFACE）

ISBN978-4-8387-3078-0　C0095